A. Wünsche

Die Räthselweisheit bei den Hebräern mit Hinblick auf andere alte Völker

A. Wünsche
Die Räthselweisheit bei den Hebräern mit Hinblick auf andere alte Völker
ISBN/EAN: 9783743448841

Hergestellt in Europa, USA, Kanada, Australien, Japan

Cover: Foto ©ninafisch / pixelio.de

Manufactured and distributed by brebook publishing software (www.brebook.com)

A. Wünsche

Die Räthselweisheit bei den Hebräern mit Hinblick auf andere alte Völker

DIE
RÄTHSELWEISHEIT
BEI DEN
HEBRÄERN

MIT HINBLICK AUF ANDERE ALTE VÖLKER

DARGESTELLT

VON

LIC. DR. AUG. WÜNSCHE.

LEIPZIG
OTTO SCHULZE
II. QUER-STR. II.
1883.

VORWORT.

Dieser kleinen Publication habe ich nur weniges vorauszuschicken. Sie ist aus zwei Vorträgen im Vorjahr entstanden, von denen einer von mir in Dresden, der andere in Berlin gehalten wurde. Da der Gegenstand in der vorliegenden Ausdehnung meines Wissens noch nicht monographisch behandelt worden ist — die Schrift von Bellermann, de hebraeorum aenigmatibus, Erf. 1796, verbreitet sich nur über die biblischen Räthsel — so dürfte dadurch der Wissenschaft ein Dienst geleistet sein. Besondere Aufmerksamkeit ist den talmudischen und midraschischen Räthselspielen geschenkt worden. Sollten Beurtheiler den Räthselcharakter dieser oder jener Erzählung beanstanden, so habe ich dem entgegenzuhalten, dass der moderne Begriff des Räthsels sich überhaupt nicht ganz und vollständig mit dem antiken deckt. Die Verfolgung der Räthselweisheit der Hebräer nicht über das Mittelalter hinaus wird gewiss Billigung finden. Uebrigens würde eine Behandlung des Räthsels des neueren und neuesten jüdischen Schriftthums den Rahmen einer Broschüre überschritten haben.

Dresden, im Januar 1883.

D. V.

Es giebt der Räthsel viele! Die ganze Schöpfung mit den unzähligen Welten und zuhöchst unser eignes Dasein sind voll von Räthseln, an deren Lösung Religion, Kunst und Wissenschaft fortwährend arbeiten. Doch von diesen hohen und erhabenen Räthseln soll in Folgendem nicht die Rede sein, wir wollen vielmehr jene kleinen lieblichen Spiele des Geistes und der Phantasie betrachten, deren Reiz wir schon so oft empfunden haben. Das Eigenthümliche des Räthsels besteht darin, dass es uns einen Gegenstand oder einen Begriff so inhalt- und beziehungsreich andeutet, dass die Auffindung desselben ebenso sehr ermöglicht als erschwert wird, oder wie Göthe in „Alexis und Dora" sagt:

> So legt der Dichter ein Räthsel,
> Künstlich mit Worten verschränkt, oft der Versammlung ins Ohr.
> Jeden freuet die seltne, der zierlichen Bilder Verknüpfung;
> Aber noch fehlet das Wort, das die Bedeutung verwahrt.
> Ist es endlich entdeckt, dann heitert sich jedes Gemüth auf,
> Und erblickt im Gedicht doppelt erfreulichen Sinn.

Das Räthsel ist verwandt einerseits mit der Parabel oder dem Gleichniss, anderseits mit der Allegorie. Zuweilen erscheint es bald in die eine, bald in die andere dieser beiden poetischen Kunstformen eingekleidet. Wenn der Zweck des Räthsels auch kein anderer wäre, als geistreich zu unterhalten, den Verstand und Scharfsinn herauszufordern, zum Nachdenken anzuregen, so wäre es schon aus diesem Grunde als litterarische Darstellung berechtigt, da es aber noch einem höheren Zwecke dienen und eine lehrhafte und ernste Tendenz verfolgen kann, indem es uns ein Ding durch scharfe, beziehungsreiche Erfassung und Beleuchtung seiner Eigenschaften und Merkmale, ohne es selbst zu nennen, lieber, achtbarer, sozusagen bewunderungswürdiger macht, so wird es eine poetische Kunstform, die der Pflege nicht unwerth ist. Schon Wieland bemerkt in dieser Beziehung mit Recht: „Die Räthsel haben keine Apologie von nöthen," und derselben Meinung ist auch Wackernagel, wenn er sagt*): „Versinnlichung des Geistigen, Vergeistigung des Sinnlichen, verschönende Erhebung dessen, was alltäglich vor uns liegt, alles das gehört zum Wesen des Räthsels, wie es zum Wesen und den Mitteln der Poesie gehört."

Alle Völker haben Räthsel. Schon Völker auf niederen Bildungsstufen sind dem Räthsel mit Liebe zugethan. Da der Mensch in seinem Lebensgange die Entwickelungsstufen der Völker und zuhöchst des ganzen Menschengeschlechts wiederholt, nur rascher und schneller, so erklärt es sich, dass besonders auf Kinder das Räthsel eine grosse Anziehungskraft ausübt. Aber auch von Völkern auf vorgeschrittener Culturstufe ist das Räthsel gepflegt worden. So haben es weder die griechischen Lyriker, noch Tragiker und Komiker verschmäht, in ihre Dichtungen zuweilen ein Räthsel einzuflechten. Insbesondere ist das Räthsel bei Völkern mit scharf ausgeprägter Verstandesrichtung zu gedeihlicher Entwickelung gekommen. Daher begegnet uns dasselbe vorzugsweise bei den orientalischen Völkern, wie überhaupt als die Heimath der Räthselpoesie das Morgenland zu betrachten ist. Unter den sogenannten semitischen Völkern stehen als Liebhaber des Räthsels die Araber obenan. Sie haben

---

*) S. Haupt's Zeitschrift für deutsches Alterthum, Bd. 3. S. 25.

nicht nur das eigentliche Worträthsel*), sondern auch alle Unterarten des Räthsels, wie die Charade oder das Silbenräthsel, den Logogryph oder das Buchstabenräthsel, das Anagramm, Palindrom und die Homonyme angebaut. Und was ich besonders hervorheben will, die Räthsel der Araber sind nicht bloss Spielereien des Verstandes und Witzes, sondern sie zeichnen sich auch durch ihren poetischen Werth vortheilhaft aus. Es sind künstlerische Leistungen voll Geist und Phantasie, dabei lieblich in's Ohr klingend. Wem fielen nicht unwillkürlich die trefflichen Räthsel in den Makamen des Hariri ein, welche durch Rückerts meisterhafte Nachbildung uns zugänglich geworden sind. Wenn viele Räthsel in der Rückert'schen Uebertragung auch das arabische Original nicht treu wiedergeben, sondern als seine eigene Dichtungen sich erweisen, so sind sie doch immer Analogien des Originals und athmen dessen Geist.

In der Räthseldichtung der Araber begegnen uns auch ausgedehnte Räthselspiele. Einer gab dem andern ein Räthsel auf, wobei auf dessen Lösung ein Preis, oder eventuell auf dessen Nichtlösung eine Strafe gesetzt war. Sowohl der, welcher sinnige Räthsel zu dichten verstand, wie auch der, welcher geschickt im Lösen von Räthseln war, erhielt bald einen bedeutenden Ruf. Man bewunderte den Scharfsinn seines Geistes, seine Phantasie und seinen Witz. Von Nah und Fern kam man herbei, um ihn zu hören.

Da die Araber sich auf dem Gebiete der Grammatik ausgezeichnet, ja in der Syntax so Hervorragendes geleistet haben, dass weder Inder noch Griechen nur im Entferntesten in dieser Beziehung sich mit ihnen messen können, so fehlt es bei ihnen auch nicht an

---

*) Die verschiedenen Namen für das Räthsel im Arabischen sind:

الأَلْغاز oder اللُّغْزُ und المُعَمَّى und الأُحْجِيَّة.

einer Menge grammatischer Räthsel. Man kleidete gern grammatische Probleme, namentlich solche, über welche die Ansichten der grammatischen Schulen auseinandergingen, in das poetische Gewand des Räthsels, theils um die betreffenden Finessen der Formenlehre oder Syntax dem Gedächtnisse sicherer einzuprägen, theils um sie interessant zu machen. Proben solcher poetischer grammatischer Räthsel giebt der Consul Rosen in der Zeitschrift der Deutschen Morgenländischen Gesellschaft.*) Selbstverständlich aber haben alle diese Räthsel, abgesehen davon, dass sie kaum im Deutschen allgemein verständlich sich wiedergeben lassen, für den des Arabischen Unkundigen wenig oder gar keine Anziehung.**)

Doch ich will mich bei der Räthselpoesie der Araber nicht aufhalten, sondern auf mein eigentliches Thema zukommen und den Lesern Einiges aus der Räthselweisheit der Hebräer vorführen.

Schon im biblischen Schriftthum begegnet uns das Räthsel. Seitdem Herder in seinem epochemachenden Werke: „Vom Geist der hebräischen Poesie" nach Vorgang des Engländers Lowht geltend gemacht hat, dass die Schriften des alttestamentlichen Canons nicht bloss vom religiösen, sondern auch vom aesthetischen Standpunkte aus Würdigung verdienen, hat man gerade dieser letzteren Betrachtungsweise immer schärfer das Auge zugewandt. Nicht nur, dass die drei Grunddichtungsarten des Abendlandes: Epik, Lyrik und Dramatik ihrem Grundcharakter nach in den alttestament-

---

*) Bd. XIV. S. 697 ff. und Bd. XX. S. 589 ff.
**) Die arabische Litteratur hat sogar mehrere geschätzte Abhandlungen über das Räthsel, von denen die eine von Nahrawânî, Mufti von Mekka († 990), unter dem Titel: كَنْزُ الْأَسْمَا فِى كَشْفِ الْمُعَمَّى bekannt ist. Zwei andere Werke führt Hâgî Chalfa unter Nr. 10879 auf. Vergl. Mehren, Die Rhetorik der Araber S. 188.

lichen Büchern nachgewiesen worden sind, man ist
noch viel weiter gegangen, indem man auch alle möglichen untergeordneten Dichtungsgattungen aufgezeigt hat.

Das Räthsel heisst im Hebräischen חִידָה, aram. אֲחִידְתָא אֲחִידְתָא und bedeutet nach einer Ableitung*) soviel wie zugeschliffene, zugespitzte, pointirte Rede, oder nach einer andern Ableitung**) soviel wie verschlungene, verknüpfte, verwickelte Rede, dunkler Ausspruch. Diese Etymologie des Wortes stimmt so ziemlich mit der des Deutschen überein, denn auch unser deutsches „Räthsel" (vom ahd. *ratan*, mhd. *râten*, goth. *rathjan*, berechnen, schliessen, vergl. *reor*, *ratus*, denken, meinen) drückt eigentlich etwas in Dunkel Gehülltes aus, dessen Sinn und Bedeutung zu treffen (rathen) ist.

Das erste Räthsel nun, welches das alte Testament aufführt, ist das, was Simson bei seiner Hochzeit den Philistäern zu rathen giebt. Die Philistäer, dieses wahrscheinlich von der Insel Kreta nach Palästina eingewanderte Volk, liessen sich zunächst in den Städten des südlichen Küstensaumes nieder, bald gelang es ihnen aber, sich des Landes zu bemächtigen und sie blieben die Herren desselben bis zur Zeit Davids. Da sie den Krieg als Handwerk trieben, so wurden sie die grössten und gefährlichsten Feinde der Israeliten. Mehrere Kriege, welche gegen sie unter Eli, Samuel und Saul unternommen wurden, fielen unglücklich aus. In der Reihe der Helden, welche gegen die Unterjocher ihren Speer erhoben, steht Simson, dieser Herkules der israelitischen Geschichte, obenan. Simson ist ein so bewundernswürdiger Held, dass wir uns nicht versagen können, bei ihm ein wenig länger zu ver-

---

*) Nämlich von der Wurzel חִיד, חוד.

**) Nämlich von der Wurzel חוד, خَلَ drehen, wenden.

weilen. Wir wollen zwar nicht darauf eingehen, mit welchem Recht in neuerer Zeit mehrere Gelehrte die markig gezeichnete Gestalt in den Mythus von der Sonne verflüchtigt haben, wir wollen nur das ausführen, was der biblische Bericht von ihm meldet. Schon von Mutterleibe an ein ausserwähltes Rüstzeug, ist Simson mit Riesenkräften ausgestattet. Er unternimmt ganz allein den Kampf gegen die philistäischen Bedrücker, er schlägt sie, beraubt ihre festen Städte, trägt das schwere, eiserne Thor der Stadt Gaza auf seinen Schultern auf einen Berg in der Nähe von Hebron, verwüstet die philistäischen Felder und stürzt endlich, geblendet und in Fesseln geschmiedet, die Säulen des Tempels Dagon, wobei er freilich selbst unter dessen Trümmern mit begraben wird. Es ist von Bedeutung, dass von Simson geradeso wie von Herkules zwölf Grossthaten erzählt werden, die in zusammenhängender Darstellung in zwei Gruppen aneinander gereiht sind. Das Räthsel, welches wir betrachten wollen, gehört der ersten Gruppe an. Simson befindet sich, von Vater und Mutter begleitet, auf seiner Brautreise nach der philistäischen Stadt Timnath.*) Bei den Weinbergen von Timnath kommt ihm ein junger Löwe brüllend entgegen. Da geräth der Geist des Ewigen über ihn und er zerreisst den Löwen, wie man ein Böcklein zerreisst. Als er nach einiger Zeit wieder an den Ort kommt, hat sich ein Bienenschwarm in dem Gerippe des Löwen niedergelassen. Er bricht den von den Bienen bereiteten Honig ab und isst davon unterwegs. In Timnath angekommen, veranstaltet er nach damaliger Sitte ein Hochzeitsgelage, an welchem ausser seinen Eltern und Paranymphen (Freunden) auch dreissig von den Freunden der Braut Theil

---

*) Timnatha, wahrscheinlich das heutige Tibne, etwa eine Stunde südwestlich von Zo'ar.

nehmen. Zur Unterhaltung giebt Simson den letzteren das Räthsel auf: „Speise ging von dem Fresser aus und Süssigkeit von dem Starken.*) Zur Lösung haben die Gäste sieben Tage Zeit, so lange die Hochzeitsfeierlichkeit währt. Als Preis hat Simson dreissig kostbare Gewänder (eig. dreissig leinene Kleider und dreissig Wechselkleider) gesetzt; errathen die Gesellen aber das Räthsel nicht, so sollen sie ihm dreissig solche Gewänder geben. Die Philistäer gehen auf den Vorschlag ein, da sie aber das Räthsel nicht errathen, so wenden sie sich an Simsons Weib, sie soll ihrem Manne die Lösung entlocken und ihnen verrathen. Es geschieht. Am siebenten Tage vor Sonnenuntergang kommen die Gäste zu Simson und zeigen ihm die Lösung seines Räthsels mit den Worten an: „Was ist süsser denn Honig? und was ist stärker denn der Löwe?" Simson hatte somit die Wette verloren, er weiss aber auch, dass seine Frau daran die Schuld trägt, daher sagt er zu den Philistäern: „Wenn ihr nicht mit meinem Kalbe gepflügt hättet, würdet ihr das Räthsel nicht getroffen haben." Um den hohen Preis zu beschaffen, vollbringt Simson eine neue Heldenthat, er erschlägt mit einem Eselskinnbacken dreissig Philistäer, nimmt ihnen ihre Gewänder ab und bezahlt mit dieser Trophäe die verlorne Wette.

Wie bei den alten Israeliten so bestand auch bei anderen Völkern die Sitte, bei Gastmählern die Gäste durch Räthsel zu unterhalten. Man wollte die Heiterkeit und den Frohsinn der Gäste während der Tafel anregen. So richtet im „Gastmahl der sieben Weisen"

---
*) Oder: „Aus dem Speiser ging Speise hervor und aus dem Sauren ging Süsses hervor." Joh. Buchler a Gladbach hat in seiner Gnomologie (Moguntiae 1614) das Räthsel folgendermassen in das Lateinische übertragen:
De forti, mirum est, dulcedo provenit ingens
Suavis et egreditur de comedente cibus.

bei Plutarch ein Gastfreund eine Reihe von Räthselfragen an die Anwesenden. Auch pflegten die Griechen bei solchen Gelegenheiten auf das Errathen von Räthseln eine Belohnung und auf das Nichterrathen eine Strafe zu setzen. Jene bestand gewöhnlich in einem Kranze, diese in dem Trinken eines Bechers Wein mit Salz vermischt.*)

Simson scheint jedoch ausser der Absicht, die Gäste durch erheiternde Unterhaltung zu belustigen, mit seiner Räthselaufgabe noch die besondere Tendenz verknüpft zu haben, eine Gelegenheit zu gewinnen, um mit den Philistäern Streit anzufangen.

Der eigentliche Repräsentant morgenländischer Weisheit ist Salomo. Da sein Vater David die geistige Erziehung und Ausbildung des jungen Fürsten in die Hand des Propheten Nathan**), von dem uns ein treffliches Gleichniss erzählt wird, gelegt hatte, was Wunder, wenn er nach dem biblischen Berichte über die Bäume von der Ceder auf dem Libanon bis zum Ysop, der an der Wand wächst, und über das Vieh und über die Vögel und über das Gewürm und über die Fische reden konnte. Durch die Deutung der hebräischen Präposition: 'al, über, im Sinne von: mit, erklären sich daraus die zahlreichen oft ergötzlichen Sagen bei den Juden und Muhammedanern, wie er mit Bäumen und Thieren Unterhaltung gepflogen habe. Der Ruf von Salomos Weisheit verbreitete sich sehr bald über die Grenze seines Reiches hinaus. „Es kamen von allen Völkern," heisst es, „zu hören die Weisheit Salomos, von allen Königen der Erde, welche gehört hatten von seiner Weisheit."***) Schwierige Rechts-

---
*) S. Athenaeus, Deipnosophist. X, 83. Edit. Schweighäuser; Stuckii, antiquitatum convivialium libri tres L. III, cap. 17. Tiguri 1582. p. 359.
**) S. 2. Sam. 12, 25.
***) S. 1. Reg. 5, 13.

fälle werden ihm zur Entscheidung vorgelegt und sein Urtheil erregt Staunen und Bewunderung.*) Bekannt ist jener Rechtsfall mit den beiden Frauen, von denen jede einen Sohn geboren, in der Nacht aber eine im Schlafe den ihrigen erdrückt und nun das lebendige Kind ihrer Genossin genommen und ihr todtes dafür ihr untergeschoben hatte. Da jede der beiden Frauen vor Salomo behauptete, das lebende Kind sei ihr Kind, so befahl der König, man solle ihm ein Schwert bringen, um das Kind zu theilen.**) Durch diesen Appell an das Muttergefühl hatte Salomo die rechte Mutter des lebenden Kindes ermittelt. Von solchen Rechtsentscheiden wie dieser weiss die spätere Sage vielfach zu berichten. Auch die Kunst, schwierige Räthsel zu lösen und auf verzwickte Fragen eine geist- und sinnreiche Antwort zu geben, muss Salomo im hohen Grade eigen gewesen sein. Kam doch sogar die Königin von Saba in Jemen, die Bilquis in der Sage der Araber, nach Jerusalem, um den König von Israel mit Räthseln zu versuchen. Man ersieht übrigens daraus, welchen Werth das Räthsel im Orient hatte. Es sollte ein Prüfstein der geistigen Fähigkeiten eines Menschen sein. Da der biblische Bericht nun mit keinem Worte des zwischen Salomo und der arabischen Herrscherin stattgefundenen Räthselspiels selbst gedenkt, sondern nur einfach meldet, der König sei ihr die Beantwortung keiner Frage schuldig geblieben und sie sei mit Zurücklassung ansehnlicher Geschenke von dannen gezogen, so ist auch hier wieder die Sage geschäftig gewesen, das Verschwiegene zu ergänzen. Sowohl der Midrasch Mischle, wie das zweite Targum zum Buche Esther, das sogenannte Targum Scheni, enthalten die betreffenden Räthselfragen. Ich führe zunächst diejenigen im Midrasch Mischle an. Da heisst es: „Die

---
*) S. 1. Reg. 4, 34.
**) Vergl. 1. Reg. 3, 16—28.

Königin von Saba sprach zu Salomo: Ist es wahr, was ich über dich vernommen und über dein Reich und über deine Weisheit? Da der König ihre Frage bejahte, so fuhr sie fort: Wirst du mir wohl, wenn ich dich etwas frage, eine Antwort geben? Er sprach zu ihr: „Der Ewige giebt Weisheit."*) Darauf die Königin: Was ist das? Sieben gehen heraus und neun gehen hinein, zwei mischen (bereiten den Trank) und einer trinkt? Salomo sprach: Wahrlich, sieben sind die Tage der Absonderung**), neun sind die Monate der Schwangerschaft, zwei Brüste mischen und einer (der Säugling) trinkt. Ferner frage ich, fuhr die Königin fort, wer ist das? Ein Weib sagte zu ihrem Sohne: Dein Vater ist mein Vater und dein Grossvater ist mein Mann, du bist mein Sohn und ich bin deine Schwester. Salomo antwortete: Das sind Lots Töchter.***) Und noch etwas Aehnliches machte die Königin mit Salomo. Sie brachte männliche und weibliche Wesen herbei, alle von gleichem Ansehen, gleicher Gestalt und gleicher Kleidung und sprach: Sondre mir die Männlichen von den Weiblichen! Salomo winkte sogleich seinen Eunuchen, welche Nüsse und Sangen brachten, und er theilte sie vor ihnen. Die Männlichen, welche sich nicht schämten, nahmen dieselben in ihre Kleider, die Weiblichen aber, welche schamhaft waren, nahmen sie in ihre Tücher. Darauf sagte Salomo zur Königin: Jenes sind die Männlichen, dieses die Weiblichen. Nun sprach die Königin zu Salomo: Du bist ein grosser Weiser. Sie that aber noch etwas Aehn-

---

*) Prov. 2, 6.
**) Nach Lev. 15, 28 muss sich das Weib während ihrer Menstruation vom Manne sieben Tage fern halten.
***) Lots zwei Töchter wurden nach Gen. 19, 32—38 von ihrem Vater schwanger, jede gebar einen Sohn, somit war er als Vater seiner Töchter auch der Vater und Grossvater des von einer jeden geborenen Sohnes, wie jede Tochter wieder Schwester und Mutter ihres Sohnes war.

liches, indem sie Beschnittene und Unbeschnittene brachte und zu ihm sprach: Sondre mir die Beschnittenen von den Unbeschnittenen! Salomo winkte den Hohenpriester herbei, welcher die Bundeslade öffnete; die Beschnittenen unter ihnen bückten sich nur mit der Hälfte ihrer Figur nieder, und nicht nur das, sondern ihre Gesichter wurden erfüllt vom Glanze der Schechina, die Unbeschnittenen dagegen fielen auf ihr Angesicht. Nun sagte Salomo: Jene sind beschnitten, diese nicht. Woher weisst du das? fragte die Königin. Das weiss ich von Bileam, versetzte er, von dem geschrieben steht: „Er fiel nieder enthüllten Auges*)," was sagen will, wenn er nicht niedergefallen wäre, so hätte er überhaupt nichts gesehen.

Um vieles ausführlicher wird uns die Begegnung Salomos mit der Königin von Saba im Targum Scheni, d. i. wie bereits erwähnt, in der zweiten Paraphrase zum Buche Esther geschildert, auch sind daselbst drei ganz andere Räthsel angegeben. Der Deutlichkeit halber gestatte ich mir, auch diese Räthsel in ihrem Zusammenhange hier vorzuführen. Es heisst: „Als einst das Herz des Königs Salomo beim Weine fröhlich war, lud er alle Könige des Ostens und Westens, welche ihm benachbart waren, zu sich nach dem Lande Israel und hiess sie sich niedersetzen in dem Palaste seiner königlichen Residenz. Als sein Herz beim Weine erheitert war, befahl er, Harfen, Cymbeln, Pauken und Cithern zu bringen, auf denen einst sein Vater David gespielt hatte. Ferner befahl er, als sein Herz erheitert war, das Wild des Feldes, die Vögel des Himmels, das Kriechende der Erde, Dämonen, Geister und Nachtgespenster zu bringen, um vor ihm Reigentänze aufzuführen, damit alle Könige seine Grösse sehen sollten. Die Schreiber des Königs riefen sie mit ihren Namen

---

*) Num. 24, 16.
Wünsche, Räthselweisheit bei den Hebräern.

auf und alle versammelten sich und kamen herbei, ungebunden und ungefesselt, ohne dass sie ein Mensch trieb. In dieser Stunde wurde der Auerhahn unter den Vögeln vermisst. Da befahl der König in seinem Zorn, ihn zu holen und er wollte ihn erwürgen, allein dieser sprach vor dem König Salomo: Höre, mein Herr, König der Erde, neige dein Ohr und vernimm meine Worte! Drei Monate sind es, als ich in meinem Herzen Rath pflog, und ich habe nicht eher Speise genossen, noch Wasser getrunken, als bis ich die ganze Welt besichtigt und durchflogen hatte. Da dachte ich bei mir: Wo giebt es wohl noch ein Land, oder eine Herrschaft, die nicht meinem Herrn König gehorsam ist? Da erblickte und erschaute ich ein gewisses Land, eine Stadt, Kitor mit Namen und im Osten gelegen, dessen Staub kostbarer als Gold und dessen Silber wie Koth auf den Strassen liegt; Bäume von Anfang der Schöpfung an stehen dort, welche vom Garten Eden bewässert werden, Menschen giebt es dort in Haufen, mit Kronen auf ihren Häuptern; Krieg zu führen verstehen sie nicht und den Bogen zu spannen vermögen sie nicht, aber in Wahrheit habe ich gesehen, dass ein Weib sie alle beherrscht, ihr Name ist Königin von Saba. Wenn es nun meinem Herrn König gefällt, so will ich meine Lenden gürten, wie ein Held, will mich aufmachen und nach der Stadt Kitor gehen, im Lande Saba, will ihre Könige in Fesseln schlagen und ihre Herrscher in Fusseisen legen und sie vor meinen Herrn König bringen. Da die Sache vor dem Könige gefiel, so wurden die königlichen Schreiber gerufen und sie schrieben Briefe und banden sie an die Flügel des Auerhahns, welcher sich darauf emporschwang zu den Höhen des Himmels, laut zischelte und immer höher und höher stieg, von den anderen Vögeln umgeben. Sie zogen nach der Stadt Kitor im Lande Saba. Es war gegen Morgen,

als die Königin von Saba hinausging, um sich vor
dem Meere niederzuwerfen*), da verfinsterten Vögel die
Sonne, und die Königin hob mit ihrer Hand ihr Kleid
auf und zerriss es vor Verwunderung und Staunen.
Jetzt liess sich der Auerhahn herab und sie sah, dass

---

*) Auch bei den Juden bestand der Gebrauch, an den Ufern der Flüsse oder des Meeres zum Gebete sich niederzuwerfen. So berichtet Josephus (Antiqq. XIV, 10, 23), dass der Magistrat von Halikarnass den Juden unter anderem auch die Erlaubniss ertheilt habe, nach väterlicher Weise am Ufer des Meeres Bethäuser zu errichten (καὶ τὰς προσευχὰς ποιεῖσθαι πρὸς τῇ θαλάσσῃ κατὰ τὸ πάτριον ἔθος). Auch Philo (in Flaccum II. S. 534 der Mang. Ausgabe) erzählt, dass die Juden zu Alexandrien bei der auf kaiserlichen Befehl erfolgten Verhaftung ihres Feindes und Verfolgers Flaccus hinaus vor die Stadt an das Ufer sich begaben und an diesem reinsten Ort einmüthig ihre Stimmen zum Dank gegen Gott erhoben, weil sie in ihren Bethäusern, da sie ihnen genommen waren, sich nicht versammeln konnten. Desgleichen gedenkt Juvenal (Sat. III, 11—13) eines heiligen Haines und einer Kapelle an einem wasserreichen Orte vor dem Capuanischen Thore zu Rom, der an die Juden wahrscheinlich als Betstätte vermiethet wurde. Bei Tertullian (vom Fasten 16, 103) lesen wir: „Die Juden verliessen bei ihren grossen Festen die Synagogen und eilten an die Ufer des Wassers, um da zu beten." In einer andern Stelle (gegen die Völker I, 13) erwähnt er unter den Gebräuchen der Juden auch ihre Gebete, die sie an Ufern zu verrichten pflegen (orationes littorales). Selbst der Apostel Paulus huldigte dieser väterlichen Sitte noch, wie die Apostelgeschichte 16, 13 bezeugt: „Des Tages der Sabbather gingen wir hinaus vor die Stadt an das Wasser, da man pflegte zu beten." Da dieser Brauch weniger innerhalb des heiligen Landes, als vielmehr ausserhalb desselben von den Juden beobachtet worden zu sein scheint, so ist der Grund davon wahrscheinlich in dem Umstande zu suchen, dass alles Land ausser Palästina als unrein galt, während Meere und Flüsse dagegen als rein galten. Denn so heisst es Sabbat fol. 14ᵃ: „Josse ben Joeser, ein Mann von Zereda und Josse ben Jochanan, ein Mann von Jerusalem, erklärten das Land (den Boden) der Heiden (der Völker) für unrein." Ein Ueberbleibsel dieser alten Sitte findet sich noch in der heutigen religiösen Praxis der Juden in der sogenannten Taschlichceremonie, indem am ersten Neujahrstage in manchen Gegenden ein kleines Gebet am Wasser verrichtet wird. Was die Benennung „Taschlich" anlangt, so wollen wir noch bemerken, dass dieselbe sicher aus Micha 7, 19 sich herleitet.

ein Brief an seine Flügel gebunden war. Sie öffnete denselben, las ihn und was war darin geschrieben? Ich, König Salomo, entbiete dir meinen Gruss, dir und deinen Grossen! Du wirst wissen, dass mir der Heilige die Herrschaft verliehen hat über das Wild des Feldes und über die Vögel des Himmels und über die Dämonen und über die Nachtgespenster, und alle Könige von Osten und Westen, Süden und Norden kommen und begrüssen mich um meinen Frieden; wenn du mich um meinen Frieden zu begrüssen gesonnen bist, so will ich dir grössere Ehre als irgend einem Könige erweisen, wofern du jedoch mich nicht um meinen Frieden zu begrüssen gesonnen bist, so werde ich Könige, Legionen und Reiter gegen dich senden. Solltest du vielleicht fragen, was für Könige und Legionen und Reiter hat denn der König Salomo, so wisse, dass das Wild des Feldes die Könige und Legionen sind. Solltest du vielleicht fragen, wer die Reiter sind, so wisse, dass die Vögel des Himmels die Reiter sind. Meine Heere sind Geister, Dämonen und Nachtgespenster sind die Legionen; sie werden euch auf euern Lagern erwürgen, in euern Häusern wird das Wild des Feldes euch tödten und auf dem Felde werden die Vögel des Himmels das Fleisch von euch fressen. Als die Königin von Saba die Dinge dieses Briefes vernahm, legte sie abermals ihre Hand an ihr Kleid und zerriss es, berief die Aeltesten und Grossen und sprach zu ihnen: Wisst ihr wohl, was der König Salomo mir gesandt hat? Sie antworteten: Wir kennen den König Salomo nicht und kümmern uns auch nicht um seine Regierung. Sie aber vertraute nicht auf ihre Worte und gab ihnen kein Gehör, sondern rief alle Schiffe des Meeres herbei und belud sie mit Geschenken und Perlen und Edelsteinen, schickte ihm 6000 Knaben und 6000 Mädchen, welche alle Kinder desselben Jahres, desselben Monats, desselben Tages und derselben Stunde waren und alle auch einerlei Gestalt und einerlei Wuchs (Schnitt, Taille) hatten, auch waren sie sämmtlich in Purpur gekleidet, und sie schrieb an den König Salomo also: Von der Stadt Kitor bis in das Land Israel ist zwar eine Reise von sieben Jahren, allein wegen der Fragen und Wünsche, die ich dir vorzulegen habe, will ich schon nach drei Jahren kommen. Nach Verlauf von drei Jahren erschien die Königin von Saba. Als Salomo hörte, dass sie komme, schickte er ihr den Benajahu bar Jehojada entgegen, welcher der Morgenröthe glich, wenn sie im Morgen aufgeht und dem Venusgestirn, welches unter den Sternen glänzt und der Rose, welche am Wasserbehälter steht. Als die Königin von Saba den Benajahu bar Johojada sah, liess sie sich von ihrem Reitthier herab. Warum, sprach Benajahu bar Johojada zu ihr, steigst du von deinem Reitthier herab? Sie antwortete: Bist du nicht der König Salomo? Nein, versetzte er, ich bin es nicht, sondern nur einer von den Dienern, welche vor ihm stehen. Sogleich wandte sie sich um und sagte zu ihren Grossen das Gleichniss: Wenn ihr auch den Löwen nicht seht, so seht ihr doch seinen Zögling, und wenn ihr auch den König Salomo nicht seht, so seht ihr doch einen schönen Mann, welcher vor ihm steht. Benajahu bar Jehojada brachte sie nun vor den König. Salomo war inzwischen in ein Glashaus gegangen. Als die Königin von Saba den Salomo in einem Glashause sitzen sah, dachte sie in ihrem Herzen, er sitze im Wasser, weshalb sie ihre Kleider schlaff herabhängen liess, um durch das Wasser zu waten, wobei Salomo bemerkte, dass ihr Fuss mit Haaren bedeckt war. Der König redete sie an: Deine Schönheit ist Weiberschönheit, dein Haar aber ist Männerhaar; Haare aber stehen nur dem Manne schön, das Weib machen sie hässlich. Hierauf begann die Königin von Saba: Mein Herr

König! ich will dir drei Räthsel aufgeben, wenn du sie lösest, so werde ich erkennen, dass du ein weiser Mann bist; wenn das aber nicht der Fall ist, so bist du wie die anderen Menschen. Sie sprach: Was ist das? Ein hölzerner Brunnen mit eisernen Eimern, welche Steine schöpfen und Wasser ausgiessen? Der König antwortete: Das ist das Schminkrohr."

Zum Verständniss dieses Räthsels dürfte zu erinnern sein, dass sich die Hebräerinnen, wie alle morgenländischen Frauen, mit einer Mischung von gebranntem und gepulvertem Antimonium (Spiessglanz) und Zink die Augenbrauen zu schminken pflegten[*]. Es hatte dies den Zweck, den Glanz des Auges zu erhöhen und im Alter den grauen Wimpern ein jugendliches Ansehen zu geben; auch sollte die Sehkraft dadurch gestärkt werden. Bezeichnend hierfür ist das vierte Räthsel der 35. Makame bei Hariri, welches lautet:

> Ein schmächt'ger Mann hat zu bedienen
> Zwei sich in allem gleiche Frauen,
> Die frischer sind nach der Bedienung
> Und jugendlicher anzuschauen.
> Er giebt den Vorzug keiner Schwester,
> Sie theilen also sein Vertrauen,
> Dass er von der zu der sich wendet,
> Sie wechselweise zu bethauen.
> Die Liebesopfer, die er sparte,
> Als beide waren jung und braun,
> Vermehrte er, als sie grau geworden:
> Das ist bei Männern selten, traun!

---

[*] Vergl. Jerem. 4, 30: „Wenn du deine Augen mit Spiessglanz bestreichst." S. auch Sabbat fol. 64ᵇ. Vom Oriente kam diese Sitte nach Griechenland und von da nach Italien, woselbst sie in späterer Zeit sehr überhand nahm. Man machte die Augenbrauen schwarz mit schwarzgebranntem Kalk des Spiessglanzes (כחל, stibium), die Wangen dagegen bestrich man mit Mennig (minium) oder mit dem Wurzelsafte einer Pflanze, damit sie blühend aussehen sollten, die Haut färbte man mit Bleiweiss (cerusa), die Adern an den Schläfen endlich malte man blau. Durch Honig und Wachs wurde die Festigkeit dieser Farben noch erhöht. (S. Lübker, Reallexicon S. 346.)

Es ist auch hier der metallene Schmink- oder Augensalbenstift gemeint, mit dem die Augenschminke oder das Stibium an das Auge gebracht wird.

Die Königin von Saba fuhr fort: „Was ist das? Es kommt als Staub aus der Erde und seine Speise ist Staub der Erde, es wird wie Wasser ausgegossen und es durchscheint das Haus." Salomo antwortete: „Es ist das Naphta."

Auch zur Verdeutlichung dieses Räthsels wird es nothwendig sein, zu bemerken, dass das auf der Insel Naphtonia im Kaspissee und bei Baku am westlichen Ufer dieses Sees, nicht minder bei Karkhuk in Niederkurdistan quellende Naphta oder Erdöl eine wasserhelle, durchsichtige Materie ist und im Oriente zur Beleuchtung verwendet wird*).

Ferner sprach die Königin von Saba: „Was ist das? Fährt ein Sturmwind an der Spitze aller vorbei, so stösst es ein grosses bitteres Geschrei aus; sein Kopf ist wie Schilf, es ist eine Zierde der Freien (Reichen), eine Schönheit der Armen, eine Zierde der Todten, eine Schande der Lebenden, eine Freude der Vögel, eine Betrübniss der Fische?" Der König antwortete: „Es ist der Flachs." Die Königin sprach: „Ich habe den Dingen nicht geglaubt, bis dass ich hierher gekommen bin und meine Augen gesehen haben, siehe, nicht die Hälfte ist mir davon gesagt worden, deine Weisheit und Güte übertrifft noch das Gerücht, was ich vernommen habe, Heil dir, Heil deinen Leuten, Heil deinen Dienern!"**)

---

*) S. Rosenmüller, Biblische Naturgeschichte, 1. Theil, Leipzig, 1830. S. 14. Vergl. Ritter, Erdkunde IX. S. 546.

**) In recht hübscher metrischer Bearbeitung lesen wir die Sage von Salomo und der Königin von Saba nach der Darstellung des Targum Scheni bei Krafft, Jüdische Sagen und Dichtungen nach den Talmuden und Midraschen. Ansbach 1839, S. 37 f.

Nach Flavius Josephus*) soll auch zwischen dem König Salomo und dem Könige Hiram von Tyrus ein Räthselwettkampf stattgefunden haben. Salomo sandte an Hiram, den Nachfolger Abibals, Räthsel zur Lösung und erbat sich von ihm ebenfalls solche aus mit dem Vorschlage, dass, wer seine Aufgabe nicht lösen könnte, eine Geldstrafe zahlen sollte. Lange Zeit vermochte Hiram die ihm zugegangenen Aufgaben nicht zu lösen und musste an Salomo grosse Summen zahlen, bis er endlich einen Tyrier, Namens Abdemon, zu seinem Beirath annahm, mit welchem sich das Blatt wandte. Hiram löste nun die ihm aufgegebenen Räthsel, während Salomo die seinigen nicht lösen konnte und Geld bezahlen musste.

Von ähnlichen Räthselwettkämpfen weiss auch die Sagen- und Märchengeschichte anderer Völker zu berichten. Ich erwähne nur aus der schwedischen Volkssage den Räthselwettstreit zwischen dem Götakönig Hejdrik (Heidhrekr) und dem blinden Gester, aus der Edda das Vafthrudsnismal zwischen dem Gotte Odhin und dem Riesen Vafthrudnir**), ebenso aus derselben Quelle das Alvismal zwischen dem Gotte Thor und dem Zwerge Alvis, aus dem Sängerkrieg auf der Wartburg den Wettkampf zwischen Klingsor und Wolfram von Eschenbach***), endlich aus dem Tragemuntslied einen solchen zwischen dem fahrenden Tragemunt und seinem Gastfreund†).

Doch ich wende mich wieder den biblischen Räthseln zu. Im Spruchbuche des Salomo kommen in der dem Agur ben Jakeh zugeschriebenen Sammlung††) mehrere Stellen vor, welche Räthselcharakter

---
*) S. Antiqq. VIII, 5, 3; vergl. contra Apionem I, 17.
**) S. Simrock, Edda, Stuttgart 1851.
***) S. Grimm, Der Wartburgkrieg, Stuttgart 1858.
†) S. Grimm, Edda.
††) S. c. 30, 15 ff.

haben. Schon Herder*) hat diese Stellen als Räthsel betrachtet und nach ihm die meisten Ausleger. Das erste Räthsel lautet: „Drei sind nicht zu sättigen und vier sagen nie: genug!" Nämlich: „Die Unterwelt und die Unfruchtbare (eig. die Verschlossenheit des Mutterleibes), die Erde, die nie von Wasser satt wird und das Feuer, das nie sagt: genug!"**) Betreffs des unfruchtbaren Weibes dürfte auf Rahel hinzuweisen sein, welche sagte: „Schafft mir Kinder, wo nicht, so sterbe ich."***) Was die Unersättlichkeit der Erde anlangt, so wird in der Edda den Trinkern angerathen, die Erdkraft anzurufen, da sie trinke und doch nicht trunken werde. Und hinsichtlich der Unersättlichkeit des Feuers heisst es im Hitopadesa, einer indischen Fabel- und Spruchsammlung†): „Das Feuer wird nicht satt des Holzes."

Ein anderes Räthsel: „Drei Dinge sind für mich zu wunderbar und vier kann ich nicht begreifen." Nämlich: „Der Weg des Adlers zum Himmel, der Weg der Schlange auf dem Felsen, der Weg des Schiffes mitten im Meer und der Weg des Mannes in die Dirne."††) Weil Alle Vier keine sichtbaren Merk-

---

*) Vom Geist der hebräischen Poesie. Von Justi. 3. Auflage. 1. Theil. S. 269 ff.

**) Dieses Räthsel hat Hieron. Arconatus unter der Ueberschrift: Tria insatiabilia metrisch folgendermaassen nachgebildet:
Omnia cum possint expleri, tempore nullo
Expleri possunt foemina, flamma, fretum.

***) S. Gen. 30, 1.

†) S. Lassen, S. 66.

††) Bei Sebastian Scheffer lautet dieses Räthsel unter der Ueberschrift: quatuor res nulli cognitae metrisch folgendermaassen:
Dic mihi, tunc quovis sapiente valentior esto,
Omnia qui cerebro te retinere putas.
Sub Jove sunt aquilae vestigia quanta volantis?
Rupe colubrorum sunt ubi signa pedum?
Semina quae medio dum currit in aequore nauta?
Quis juvenum scrotis ad loca foeda gradus?

male zurücklassen, so sind sie wunderbar und unbegreiflich.

Das dritte Räthsel: „Unter dreien erbebt das Land und unter vieren kann es nicht bestehen!" Nämlich: „Unter einem Sklaven, wenn er König wird, unter einem Thoren, wenn er Brod genug hat, unter einer Gehassten, wenn sie Gemahlin wird und unter einer Magd, wenn sie ihre Gebieterin verdrängt."

Viertes Räthsel: „Vier sind sehr klein auf Erden, aber sie sind weiser als solche, die Weisheit lernten." Nämlich: „Die Ameisen, ein gar nicht starkes Volk, und doch bereiten sie im Sommer ihre Nahrung; die Klippdachse, ein gar nicht rüstig Volk, und doch bauen sie in Felsen ihre Wohnung; die Heuschrecken, die ohne König sind und doch alle geordnet ausziehen; die Eidechse, die mit beiden Händen fasst und selbst in königlichen Palästen wohnt." Was die Heuschrecken anlangt, so stimmen alle, welche Heuschreckenzüge im Morgenlande beobachtet haben, darin überein, dass sie sich, wie durch einen gemeinschaftlichen Instinkt angetrieben, in geschlossenem Zuge nach einer gewissen Ordnung wie Soldaten fortbewegen.

Das fünfte und letzte Räthsel lautet: „Drei sind schön von Schritt und vier schön von Gang." Nämlich: „Der Löwe als Held unter den Thieren, er kehrt vor keinem um, das Streitross, an Lenden wohlgegürtet, der Hirsch und ein König, mit welchem das Volk ist."

Im Propheten Ezechiel begegnet uns ein symbolisches Räthsel, jedenfalls das älteste dieser Art, was die Weltlitteratur aufzuweisen hat. Es lautet[*]: „Menschensohn, räthsle mir ein Räthsel, lege ein Gleichniss vor dem Hause Israel also: So spricht Jehova,

---

[*] S. Ezech. 17, 1—10.

der Herr: Der grosse Adler, gross von Flügeln, breit von Schwingen, voll Gefieder, das buntgestickt, kam zum Libanon und nahm den Wipfel der Ceder. Die Spitze ihrer Sprösslinge pflückte er ab und brachte sie ins Land Canaan, in eine Kaufmannsstadt legte er sie; auch nahm er vom Samen des Landes und that ihn in Saatland, nahm ihn zu vielen Wassern, als eine Weide setzte er ihn. Und er sprosste auf und ward zum überhängenden Weinstock, niedrig von Höhe, dass seine Ranken sich zu ihm bogen und seine Wurzeln unter ihm sein sollten; aber er ward zum Weinstock, der Zweige trieb und Laub ausbreitete. Es war aber ein grosser Adler, gross von Flügeln und reich von Gefieder, und siehe! der Weinstock streckte seine Wurzeln lechzend zu ihm hin und sandte seine Zweige nach ihm, zu wässern ihn von den Terrassen aus, wo er gepflanzt war. Auf gutem Felde, an vielen Wassern war er gepflanzt, um Gezweig zu treiben und Frucht zu bringen, zu werden zu einem stattlichen Weinstock. Sprich: So spricht Jehova, der Herr: Wird er gedeihen? Wird jener nicht seine Wurzeln ausreissen und seine Frucht abschneiden, dass er verdorrt? Alle Frische seines Gesprosses wird verdorren, und nicht durch starken Arm und viel Volks wird er ihn emporheben von seinen Wurzeln. Sieh, obgleich er gepflanzt ist, wird er gedeihen? Wird er nicht, wenn ihn der Ostwind anrührt, verdorren? Auf den Terrassen, wo er gepflanzt ist, wird er verdorren."

Der Prophet fügt selbst die Lösung seines Räthsels mit folgenden Worten bei*): „Sprich zu dem widerspenstigen Haus, wisst ihr, was das ist? Sprich: Siehe, es kam der König von Babel nach Jerusalem und nahm seinen König und seine Fürsten und führte sie zu sich nach Babel. Und er nahm einen von dem

---

*) S. das. 17, 11—21.

Samen des Königthums und machte einen Bund mit ihm und liess ihn einen Eid schwören, und nahm die Starken des Landes weg, damit das Königthum niedrig würde, unvermögend, sich zu erheben, damit es seinen Bund bewahrte und ihn fest hielte. Aber er (der Same) lehnte sich wider ihn auf, indem er seine Boten nach Aegyten sandte, dass es ihm Rosse gebe und viel Volks. Wird er gedeihen? Wird der, welcher dies gethan, davon kommen? Den Bund hat er gebrochen und er sollte davon kommen? So wahr ich lebe, ist der Spruch des Herrn, Jehovas, wahrlich an dem Orte des Königs, der ihn zum Könige gemacht hat, dessen Eid er verachtet und dessen Bund er gebrochen hat, bei ihm, in Babel, wird er sterben. Und nicht mit grossem Heere und viel Volks wird Pharao mit ihm handeln im Kriege, wenn man einen Wall aufschüttet und Belagerungsthürme baut, um viele Seelen auszurotten. Den Eid hat er verachtet, zu brechen den Bund, und siehe, gegeben hatte er seine Hand und hat doch das alles gethan; nicht wird er davon kommen. Darum also spricht der Herr Jehova: So wahr ich lebe, wahrlich meinen Eid, den er verachtet und meinen Bund, den er gebrochen hat, werde ich auf sein Haupt geben. Ich werde mein Netz über ihn ausbreiten, dass er in meiner Schlinge gefangen wird, und ich werde ihn nach Babel bringen und mit ihm daselbst rechten ob seines Treubruchs, den er an mir begangen. Und alle seine Flüchtigen in allen seinen Schaaren werden durch's Schwert fallen, und die Uebrigbleibenden werden in alle Winde zerstreut werden, und ihr sollt erkennen, dass ich, Jehova, es geredet habe."

Es ist ein grossartiges Bild, das uns der Prophet vorführt. Wir sehen einen grossen und gewaltigen Adler mit mächtigen Flügeln und breiten Schwingen und buntem Gefieder nach dem Libanon schweben

und den Wipfel der Ceder hinweg nach Canaan, der
Stadt des Handels und Verkehrs, tragen, aber er streut
auch von des Bodens Samen in das wasserreiche Saatfeld, so dass ein Weinstock sich daraus entwickelt, der,
obwohl niedrigen Wuchses, doch Wurzeln, Ranken
und Zweige treibt. Wir bemerken aber noch einen
anderen Adler, der ebenfalls mächtige Flügel und
reiches Gefieder hat, zu welchem sehnsüchtig der Weinstock seine Wurzeln und Zweige hinstreckt, um von
ihm erquickende Nahrung zu empfangen. Allein er
kann bei seiner Hinneigung zu diesem Adler nicht
gedeihen, vielmehr wird der erste Adler, der ihn gepflanzt, kommen und ihn mit seinen Wurzeln herausheben, dass er verdorrt. Jeder Zug in diesem Bilde
hat seine Deutung. Unter dem grossen und gewaltigen Adler mit grossen Flügeln und breiten Schwingen,
der seinen Flug über weite Länder bereits siegreich
gemacht hat, ist der König von Babylon zu verstehen.
Das bunte Gefieder deutet auf den bunten Schmuck
des nach Sprache, Sitte und Tracht bunten Völkergemisches hin. Der Libanon ist der Berg Zion mit
seinem cedernreichen Königspalaste. Die Ceder geht
auf das davidische Königshaus, und ihr Wipfel ist
der König Jojachin, der mit seinen Grossen nach Babel
in die Gefangenschaft wandern musste. Der Sprössling, welchen der Adler vom Samen des Landes nimmt,
und ihn als Weide in das wasserreiche Saatfeld pflanzt,
ist Zedekia, den Nebukadnezar als Eingebornen im
Lande zum Vasallenkönig machte, wiewohl er auch
einen babylonischen Statthalter hätte dahinsetzen können. Er ist zwar keine Ceder mehr, sondern nur eine
Weide, trotzdem wäre aber das Land unter ihm als
hängender Weinstock gediehen, wenn es nicht seine
Wurzeln und Zweige nach einem andern Adler, d. i.
nach Aegypten hingestreckt hätte. Obwohl dieser
Adler auch grosse Flügel und viel Gefieder hat, so

ist er doch nicht so mächtig, wie der erste Adler. Die Befreiung, die Zedekia durch Treubruch und Verrath sucht, wird daher nicht glücken, Gott wird den bei ihm geschwornen Eid rächen. Nebucadnezar wird den bundbrüchigen Vasallen mit Krieg überziehen, und Aegypten ist zu schwach, um ihm zu helfen. Der Ostwind, d. i. der von Osten hereinbrechende Chaldäer wird kommen und den Weinstock dürre machen, d. i. Zedekia wird gefangen genommen und nach Babel geschafft werden und daselbst sterben, sein Volk wird durchs Schwert fallen und in alle Winde zerstreut werden. In echt prophetischer Weise geht zum Schlusse des Räthsels die Rede von der nächsten in die ferne Zukunft über, indem gesagt wird, dass der Ewige ein Reis aus dem Wipfel der Ceder dereinst nehmen und auf einen hohen und erhabenen Berg setzen werde, was bedeuten soll, dass er Israel dereinst wiederherstellen wird.

Das wären in Kürze die wichtigsten im alttestamentlichen Schriftthum vorkommenden Räthsel. Es liessen sich zwar noch viele Aussprüche mit änigmatischem Charakter anführen, aber da wir an der eigentlichen Begriffsbedeutung des Räthsels festhalten, so sollen dieselben hier nicht berührt werden. Nur das wollen wir noch sagen, dass, wie uns so manches von den volksthümlichen poetischen Productionen der alten Hebräer verloren gegangen ist, sicher auch manche Räthsel nicht auf uns gekommen sind. Dass das Räthsel in der That eine nicht unbedeutende Rolle bei den Hebräern gespielt hat, möchte sich schon aus dem öfteren Vorkommen des Wortes chîda (Räthsel) in der alttestamentlichen Litteratur ergeben.[*]

---

[*] In welchem Ansehen das Räthsel in den letzten vorchristlichen Jahrhunderten bei den Juden stand, bezeugt Sirach, wenn er von einem Schriftgelehrten rühmt: „Versteckte Geheimnisse erforscht er und mit Räthselsprüchen beschäftigt er sich," desgleichen, wenn er

Wir gehen jetzt zu den Räthseln des nachbiblischen Schriftthums über und zwar zunächst zu denen des Talmud. Es giebt einen jerusalemischen und einen babylonischen Talmud, jener ist der Lehrausdruck der Schulen Palästinas, dieser der Lehrausdruck der Schulen Babylons. Dieses wunderbare, schon so oft zum Verbrennungstode verurtheilte, auch in der letzten Zeit wieder vielfach verdächtigte und geschmähte litterarische Denkmal des jüdischen Geistes, hat für alle Zweige der Wissenschaft einen Werth. Ist der Talmud doch eine Realencyclopädie, ein Sammelwerk von Debatten und Discussionen beinahe über alles, was unter der Sonne webt und lebt. Viele Wissenschaften sind bereits durch eine Monographie aus dem Talmud bereichert worden, so die Zoologie, die Botanik, die Medicin, die Mathematik, viele Arten des Rechtes, wie das Straf-, Civil-, Ehe- und Obligationenrecht, die Mass-, Gewicht- und Münzkunde u. s. w. Wenn für den einen oder andern Wissenszweig der Talmud auch nicht gerade eine Fundgrube von neuen Gesichtspunkten darbietet, so sind seine Notizen doch immer für die Geschichte desselben beachtenswerth. Ganz besonders wichtig ist der Talmud für die vergleichende Fabel-, Sagen- und Märchenforschung. Auch für unsern Gegenstand liefert er mehrere Beiträge.

Im jerusalemischen Talmud*) kommt zunächst ein Räthsel vor, welches dem R. Simeon bar Kappara**), einem in der Palästra der Amoräer durch Geist und Witz ausgezeichneten Gelehrten, welcher auch ver-

---
Salomo mit den Worten lobt: „Die Erde bedeckte dein Geist, und du fülltest sie an mit Räthselsprüchen."

*) S. Moed katan III, 1. fol. 18ᶜ.

**) Bar Kappara, ein Witzling, kann gewissermassen der Heinrich Heine in der Palästra der Rabbinen des talmudischen Judenthums genannt werden.

schiedene Fabeln gemacht haben soll, in den Mund
gelegt wird. Die Veranlassung zu demselben soll folgende
gewesen sein. Der Patriarch R. Jehuda (lebte
um 220 n. Chr.) hatte seinen reichen, aber beschränkten
Schwiegersohn Bar Eleasar ausgezeichnet, was Simeon
bar Kappara verdross. Eines Tages, als eine zahlreiche
Versammlung bei Rabbi war, richteten alle
Fragen an ihn, nur Bar Eleasar wusste aus Unwissenheit
nichts zu fragen. Da sprach Bar Kappara zu
ihm: „Alle richten Fragen an Rabbi, nur du nicht."
Bar Eleasar sagte: „Was soll ich fragen?" „Frage ihn,"
sprach Bar Kappara: „Vom Himmel schaut sie nieder,
lärmt in den Winkeln ihres Hauses, setzt in Furcht
alle Geflügelten, „sehen sie Jünglinge, so verbergen sie
sich, Greise erheben sich und bleiben stehen."*) Der
Fliehende sagt: oh, oh! Der Gefangene bleibt in seiner
Sünde gefangen." Grätz**) hat dieses Räthsel dem
Sinne nach folgendermassen übertragen:

> „Hoch schaut ihr Aug' vom Himmel,
> Man hört ihr stetes Getümmel,
> Sie flieh'n, beschwingte Wesen.
> Sie scheucht die Jugend zurück;
> Auch Greise bannt ihr Blick.
> Es ruft: oh, oh! wer flieht,
> Und wer in ihr Netz gerieth,
> Kann nie von der Sünde genesen."

Als Rabbi sich umwandte, sah er, wie Bar Kappara
lachte, da sprach er zu ihm: „Ich erkenne dich nicht
als Alten (Saken) an." Nun wusste Bar Kappara, dass
er bei Rabbis Lebzeiten zu keinem Lehramt gelangen
werde. — Dieses Räthsel harrt noch heute einer definitiven
Lösung. Die Commentatoren zerbrechen sich den
Kopf über dasselbe, doch die von ihnen vorgeschla-

---

*) Iliob 29, 8.
**) S. Geschichte der Juden Bd. IV. S. 215. 2. Aufl.

genen Lösungen befriedigen alle nicht. Nach dem einen*) soll die Menschenseele, nach dem anderen**) der Tod gemeint sein. Hamburger***) glaubt, dass es auf das hierarchische Schalten und Walten des Patriarchen Jehuda Bezug habe, Grätz†) wieder denkt an die Hauptsklavin und Verwalterin des Patriarchen, welche sehr tyrannisch gewesen sein soll.

Im babylonischen Talmud begegnen uns mehrere Räthsel. Zunächst erwähnen wir das sogenannte Fischräthsel. Der Fisch gehörte bekanntlich zu den beliebtesten Speisen der Juden, er wurde auf die verschiedenste Weise servirt. Besonders bevorzugt waren die eingesalzenen, mit Eiern bestrichenen Fische. Das Räthsel lautet††): „Rab sagte: Der Fischfänger Ada sagte zu mir: Brate den Fisch mit seinem Bruder, lege ihn in seinen Vater, iss ihn in seinem Sohne und trinke seinen Vater." Unter dem Bruder des Fisches ist das Salz zu verstehen, welches ebenso wie der Fisch aus dem Meere kommt, der Vater des Fisches ist selbstverständlich das Wasser, welches ihn erhält und ernährt, der Sohn des Fisches ist der Fischsaft, die Brühe, und auf den Fisch soll man den Vater, d. i. Wasser, trinken.

Ein anderes Räthsel, welches zugleich ein Muster echten Lapidarstils ist und in sehr verblümten Ausdrucksweisen sich bewegt lautet†††):

Ein Gelehrtenpaar (זוג) kam aus Rakath (מרקת) und da ergriff es der Adler, aber es führte Dinge mit sich (eig. in ihrer Hand waren Dinge), welche in Lus

---

*) Korban haëda.
**) P'ne Mosche.
***) S. Realencyclopädie II, S. 968.
†) A. a. O. S. 215.
††) S. Moed katan fol. 11ᵃ.
†††) S. Sanhedr. fol. 12ᵃ. Der Text weicht etwas von der Recension, wie sie der Aruch bietet, ab.

(בלרז) gemacht werden. In Folge dieser verdienstlichen Handlung entkam es glücklich (לשלום יצא). Dann wollten die Nachkommen des Nachschon einen Statthalter (נציב) einsetzen, der Idumäer liess es aber nicht zu. Da traten die Häupter der Gelehrtenversammlung (der Akademie, בעלי אסופות) zusammen und setzten den Statthalter in dem Monat ein, an welchem Aaron, der Priester, starb." Die Lösung dieses Räthsels, welche schon der Aruch bringt, ist folgende. Unter Reketh ist Tiberias zu verstehen, und der Adler deutet auf das Heer der römischen Regierung hin. In Lus wurde namentlich die blaue Wolle (תכלת), welche man zu den Schaufäden benutzte, bereitet.*) Die Nachkommen Nachschons beziehen sich auf die Abkömmlinge Hillels. Wie Nachschon ben Amminadab der erste Fürst Judas, des Stammvaters des davidischen Hauses, war, so war auch Hillel der erste Nasi (Fürst) des davidischen Hauses. Man wollte einen Statthalter (נציב), d. i. einen Schaltmonat einsetzen und die בעלי אסופות, eig. die Inhaber der Versammlungen, d. i. das Synedrium, bestimmte denselben in dem Todesmonat des Priesters Aaron, d. i. im Ab.

Wie das Räthsel dazu diente, die geistigen Fähigkeiten von Personen zu prüfen, zeigt ein von einem römischen Kaiser — wahrscheinlich ist Hadrian gemeint — zwischen R. Josua ben Chananja und den Weisen Athens veranlasster Wettstreit. Wegen der grossen Dunkelheit der Darstellung gehört die Erzählung zu den schwierigsten Stücken des babylonischen Talmuds. Die Erzählung lautet**): „Der Kaiser sagte zu R. Josua ben Chananja: Wie lange dauert es, bis die Schlange trächtig wird und gebiert? R. Josua erwiederte: Sieben Jahre. Der Kaiser: Die Weisen

---

*) Vergl. Sota fol. 46ᵇ.
**) S. Bechorot fol. 8ᵃᵇ.

Athens haben sie doch aber gepaart und sie hat schon nach drei Jahren geboren? R. Josua: Sie waren schon vier Jahre vorher trächtig. Der Kaiser: Wie kam es aber, dass sie sich noch ferner begatteten (was doch bei Thieren sonst nicht zu geschehen pflegt)? R. Josua: Die Schlangen gleichen hierin den Menschen. Der Kaiser: Jene (die Athener) sind doch aber Weise? R. Josua: Wir sind weiser als sie. Der Kaiser: Wenn du wirklich weiser bist, so gehe hin und besiege und führe sie zu mir. R. Josua: Wie viel sind denn ihrer? Der Kaiser: Es sind sechzig Männer. R. Josua: So mache mir ein Schiff mit sechzig Zimmern (Häusern) und in jedes Zimmer lass sechzig Polzter (Stühle) stellen. Es geschah. Als R. Josua dort ankam, begab er sich zu einem Fleischer, den er gerade mit einem Stück Vieh beschäftigt fand. Er fragte ihn: Hast du einen Kopf zu verkaufen? Ja wohl! versetzte der Fleischer. Was kostet ein Kopf? Einen halben Sus. Er gab ihm einen solchen und sagte: Nun gieb mir deinen Kopf! Der Fleischer gab ihm den Kopf eines Viehes. Habe ich denn um den Kopf eines Viehes mit dir gehandelt? Von deinem Kopfe habe ich vielmehr mit dir gesprochen. Doch willst du, dass ich dir diesen erlasse, so zeige mir den Eingang zu den Gelehrten Athens. Dies zu thun fürchte ich mich, denn sie tödten jeden, welcher ihn zeigt. So will ich dir sagen, wie wir es anstellen wollen. Trage mir ein Bündel Reisig und wenn du bei ihrer Wohnung anlangst, so setze es ab, als wenn du ausruhen wolltest. Er ging nun hinein, fand aber, dass innen und aussen Wächter waren. Wenn die Weisen Tritte (im Sande) merkten, die hineinführten, so wurden die äusseren Wächter getödtet, wurden aber von innen Tritte bemerkt, die nach aussen führten, so wurden die inneren Wächter getödtet. Da kehrte er seine Sandalen um (so dass Tritte nach beiden Richtungen bemerkt wurden), infolge dessen wurden alle Wächter (die inneren wie die äusseren) getödtet. Er ging nun hinein und fand, dass die Jungen unten und die Alten oben sassen. Da dachte er: Welchen soll ich wohl zuerst den Gruss entbieten? Grüsse ich die Obensitzenden zuerst, so werden die Untensitzenden beleidigt, und umgekehrt, grüsse ich die Untensitzenden zuerst, so werden wieder die Obensitzenden beleidigt, in jedem Falle setze ich mein Leben aufs Spiel. Er rief daher: Friede euch allen! Die Weisen sprachen nun zu ihm: Was hast du hier zu schaffen? Er antwortete: Ich bin ein Weiser der Juden und ich bin gekommen, um von euch Weisheit zu lernen. Sie sprachen: Wenn dem so ist, so wollen wir dich etwas fragen. Bei meinem Leben! erwiederte er, es ist mir recht, besiegt ihr mich, so könnt ihr mir thun, wie es euch beliebt, besiege ich jedoch euch, so verlange ich nichts mehr, als dass ihr bei mir auf meinem Schiffe speiset. Sie fragten nun: Wie kommt es, dass ein Mann, der bei einem andern Manne um die Hand seiner Tochter wirbt, dieser sie ihm aber nicht giebt, um die Hand der zweiten Tochter wirbt, wenn sie noch bessere Eigenschaften als jene besitzt? Da nahm er einen Spaten und versuchte damit den Grund der Mauer zu durchbohren, allein es gelang ihm nicht, dann steckte er ihn in den oberen Theil und er drang durch. So verhält es sich auch mit der gedachten Werbung, sprach er, was das erste Mal nicht gelingt, kann doch das zweite Mal gelingen. Ferner fragten ihn die Weisen: Warum wird der, welcher einmal Geld ausgeliehen und nicht bezahlt wurde, nicht vorsichtig gemacht, dass er wieder ausleiht? Er antwortete: Dies will ich durch ein Gleichniss deutlich machen. Jemand ging auf eine Wiese, mähte Binsen und machte daraus ein Bündel, konnte es aber nicht fortbringen. Da hieb er noch mehr Binsen ab, legte sie zu den früheren und wartete mit dem Fortschaffen, bis ihm andere zu Hilfe kamen. So verhält es sich auch mit dem Gläubiger, bei der ersten geringen Schuld wandte er nicht die nöthige Hilfe an, bei der grösseren Schuld sah er sich genöthigt, die Hilfe anderer in Anspruch zu nehmen. Ferner sprachen sie zu ihm: Trage uns doch etwas von Fabeln vor. Er erzählte ihnen: Es gab einst ein Maulthier, welches ein Junges geworfen, dem man einen Zettel anhing, worauf geschrieben war: Mein Vaterhaus schuldet mir 100 000 Sus. Sie wandten darauf ein: Kann denn ein Maulthier gebären? Er entgegnete: Das ist es eben, was wir Fabeln nennen. Darauf fragten sie ihn: Wenn das Salz dumm (übelriechend) wird, womit soll man es salzen (d. i. es wieder brauchbar machen*)? Er gab zur Antwort: Mit der Nachgeburt des Maulthiers. Hat denn das Maulthier eine Nachgeburt? Ebenso wenig, versetzte er, wird das Salz dumm. Weiter forderten sie von ihm: Baue uns ein Haus in die Luft der Welt! Er sprach: Dort steht einer und hängt zwischen Himmel und Erde und er ruft den Menschen zu: Reicht mir Ziegeln und Lehm herauf. Sie sprachen: Wer vermag das ihm so weit zu reichen? Darauf sprach er: Wer vermag denn ein Haus zwischen Himmel und Erde zu bauen. Sodann fragten sie ihn: Wo ist der Mittelpunkt der Welt? Da stützte er seinen Finger auf eine Stelle und sprach: Hier ist er. Sie sprachen zu ihm: Wie kannst du dieses behaupten? Er sprach: Bringt Stricke und messet es aus! Wieder sprachen sie: Wir haben draussen einen Brunnen, möchtest du uns diesen herein bringen.**) Da nahm er Kleie und warf sie vor ihnen hin mit den Worten: Drehet mir aus der Kleie Stricke. Sie sprachen: Wer vermag aus Kleie Stricke zu drehen? Darauf versetzte er:

---
*) Vergl. Matth. 5, 13.
**) Sie wollten damit andeuten, ob Israel seinen alten Glanz jemals wieder herstellen könne.

Wer vermag einen Brunnen, welcher draussen ist, hereinzubringen? Ferner sprachen sie: Wir haben einen zerbrochenen Mühlstein, möchtest du ihn uns wohl zusammennähen? Er brach ein Stück davon ab, warf es vor sie hin und sprach: Drehet mir daraus Fäden und ich will ihn zusammennähen. Als sie ihm entgegneten: Wer vermag Fäden aus einem Mühlstein zu drehen? versetzte er: Wer vermag einen Mühlstein zusammenzunähen?*) Darauf sprachen sie: Womit mäht man eine Ebene, wo Messer wachsen? Er antwortete: Mit dem Horn eines Esels. Hat denn ein Esel ein Horn? fragten sie. Giebt es denn, erwiederte er, eine Ebene mit Messern? Hierauf brachten sie ihm zwei Eier und verlangten, er solle ihnen sagen, welches von einer weissen und welches von einer schwarzen Henne sei. Da legte er ihnen zwei Käse vor und stellte an sie dieselbe Forderung, ihm zu sagen, welcher von einer weissen und welcher von einer schwarzen Ziege sei. Weiter fragten sie ihn: Wenn das Küchlein im Ei stirbt, wodurch haucht es seinen Geist aus. Durch die Stelle, versetzte er, durch welche er hinein kam. Endlich sprachen sie: Zeige uns ein Geräth, das nicht so viel werth ist, als es Schaden verursacht? Bringet mir eine Bastdecke, versetzte er, und breitet sie aus. Sie ging aber nicht zur Thüre herein. Da sprach er zu ihnen: Da habt ihr ein Geräth, welches nicht so viel werth ist als es Schaden verursacht. Nach Beendigung der Discussion liess er sie einzeln auf sein Schiff kommen. Als jeder die sechzig Polster sah, glaubte er, alle seine Genossen würden dahin kommen. Als sie alle unter-

---

*) Vergl. Echa r. zu 1, 1, wo es heisst: Ein Athener kam nach Jerusalem und fand da einen zerbrochenen Mörser. Er nahm ihn und brachte ihn zu einem Schneider mit den Worten: Nähe mir diese zerbrochenen Stücke zusammen, worauf der Schneider eine Hand voll Sand aufhob und sprach: Drehe mir daraus Fäden, so will ich ihn zusammennähen.

gebracht waren, rief er dem Schiffskapitain zu: Nun fahre ab! Zur Vorsicht aber nahm der Rabbi etwas Erde von ihrer Erde (ihrem Lande) mit, um jeden, wenn er traurig werden sollte, zu trösten. Als sie an einen Strudel gelangten, wo sie fast verschlungen wurden, erfasste der eine mit der Hand den Kopf, der andere führte die Hand zum Herzen und der dritte zeigte auf seinen Rücken, kurz, sie wurden alle so elend, dass er befürchtete, sie könnten ihren Geist aufgeben und seine Mühe vereiteln. Da es aber besser mit ihnen wurde, als sie an jener Stelle vorbei waren, so schloss er daraus, dass jenes Wasser schädlich auf sie einwirken müsse. Infolge dessen nahm er einen Krug von dem Wasser des Strudels mit. Als er sie nun vor den Kaiser brachte und dieser sah, dass sie sehr elend waren, sprach er: Das sind doch nicht die Weisen von Athen! Da nahm Rabbi Josua von ihrer Erde und warf dieselbe auf sie und sie benahmen sich trotzig und frech vor dem König. Dieser sprach zu dem Rabbi: Verfahre mit ihnen, wie es dir beliebt. Da nahm er von jenem Wasser, welches er von dem Strudel mitgebracht hatte, schüttete es in ein Becken und befahl, dass man jeden besonders hineinsetze. Sein Befehl wurde ausgeführt, und nach kurzer Zeit wurden sie alle betäubt und sie vermochten nicht mehr zum Leben zurückzukehren."

Ferner verweisen wir auf einen Segen, welcher wegen seines sonderbaren Wortlautes — er klingt wie ein Fluch — als Räthsel betrachtet werden kann. Es heisst[*]): R. Simeon ben Jochai schickte nämlich seinen Sohn zu zwei Gelehrten, dass sie ihm ihren Segen ertheilen möchten. Nachdem dieselben den Wunsch des R. Simeon vernommen hatten, sprachen sie zu dem Sohne: „Möge es Gottes Wille sein, dass du säest und nicht

---

[*]) S. Moed katan fol. 9^b.

mähest, dass du hinein- und nicht herausführest, dass du heraus- und nicht hineinführest, dein Haus möge zerstört werden und dein Sitz eine Herberge sein, dein Tisch gerathe in Verwirrung und du mögest das neue Jahr nicht sehen. Als der Sohn wieder zu seinem Vater kam, sprach er zu ihm: Sie haben mich nicht gesegnet, sondern vielmehr gekränkt. Was haben sie dir gesagt? fragte der Vater. So und so sagten sie, versetzte der Sohn. Alle Worte sind voller Segen, erwiderte der Vater. Du mögest säen und nicht mähen, d. i. du mögest Kinder zeugen und sie mögen nicht sterben; du mögest hinein- und nicht herausführen, d. i. du mögest Schwiegertöchter in dein Haus führen und deine Söhne mögen nicht sterben, damit jene nicht wieder in ihr väterliches Haus zurückzukehren brauchen; du mögest heraus- und nicht hineinführen, d. i. du mögest Töchter zeugen und ihre Männer mögen nicht sterben, damit sie nicht wieder zu dir zurückkehren; dein Haus möge zerstört werden und dein Sitz eine Herberge sein, d. i. diese Welt ist eine Herberge, die künftige aber ist das Haus*); dein Tisch gerathe in Verwirrung, nämlich von Söhnen und Töchtern; und du mögest das neue Jahr**) nicht sehen, d. i. dein Weib möge nicht sterben, dass du nicht eine andere nehmen müssest.

Räthselcharakter trägt ferner eine bildliche Charakteristik mehrerer Gelehrten. Es heisst***): „R. Isi ben Jehuda zählte die löblichen Eigenschaften der Gelehrten auf (שבחן של חכמים). R. Meïr ist ein Weiser und ein Schriftgelehrter (חכם וסופר); R. Jehuda ist ein

---

*) Nach Ps. 49, 12, wo nicht: *kibram*, ihr Inneres, sondern *kirbam*, ihr Grab, zu lesen ist.

**) Gemeint ist das erste Jahr der Ehe; denn nach mosaischer Bestimmung braucht der Mann während des ersten Jahres seiner Ehe nicht mit in den Krieg zu ziehen.

***) Gittin fol. 67ª.

Gelehrter, wenn er will (לכשירצה)," d. i. nach Raschi, wenn er ruhig und besonnen ist; „R. Tarphon ist ein Nusshaufen (גל של אגוזים)," d. i. sowie eine von einem Nusshaufen fortgenommene Nuss alle übrigen zum Rollen bringt, so giebt auch R. Tarphon einem Schüler, wenn er eine Frage an ihn richtet, sofort Beweise dafür aus Schrift, Midrasch, Mischna, Halacha und Haggada; „R. Ismael ist ein gefüllter (vollgepfropfter) Kramladen (חנות מיוּנֶת)," d. i. er ist Inhaber vieler Traditionen*); „R. Akiba ist eine geschlossene Schatzkammer (**אוצר בלוס)," d. i. er ist ein Magazin, in welchem die verschiedenen Lehrgegenstände ein jeder besonders zusammengetragen sind, gleichwie der Kaufmann jeden seiner Artikel in besonderen Fächern aufzubewahren pflegt; „R. Jochanan ben Nuri ist eine Krämerbüchse (קופת הרוכלים)," d. i. er besitzt Kenntnisse im Talmud, Midrasch und in der Haggada; „R. Eleasar ben Asarja ist eine Gewürzbüchse (קופת של בשמים)", d. i. wie der Gewürzkrämer verschiedene Spezereien in Bereitschaft hat, so weiss auch er stets etwas Anziehendes und Geschmackvolles vorzutragen; „R. Elieser ben Jacob ist ein Kab (Mass) und rein (קב ונקי)," d. i. er hat nicht viel gelernt, aber das, was er im Lehrhause vorträgt, hat Geltung; „R. Jose hat die Gesetzkunde bei sich (נימוקי עמו, gr. *νομική* sc. *ἐπιστήμη*, legis peritus)," d. i. er ist ganz von der Gesetzlehre durchdrungen und die Halacha wird immer nach seiner Ansicht entschieden***); „R. Simeon mahlt viel, lässt aber wenig fortgehen. Es ist nämlich gelehrt worden:

---

*) Raschi fügt hinzu: Sowie der Kaufmann zu den Käufern nicht erst zu sagen braucht: Wartet, ich werde es euch bringen, so findet jeder Fragende bei R. Ismael sofort Befriedigung.

**) So ist jedenfalls richtiger für בלום zu lesen.

***) Vergl. Gittin fol. 67ᵃ, wo es heisst: „Schweige, mein Sohn, du hast den R. Jose nicht gesehen; denn hättest du ihn gesehen, (so würdest du wissen,) dass die Rechtskunde bei ihm ist."

Er vergisst wenig und was er von sich giebt, ist gering (und wird nicht als Norm betrachtet). Denn so hat R. Simeon zu seinen Schülern gesagt: Meine Kinder, nehmt meine Eigenschaften an, denn sie sind die Heben von den Heben der Eigenschaften des R. Akiba." Auch die Midraschlitteratur, der litterarische Niederschlag der jüdischen Homiletik, bietet uns ausser den drei schon oben erwähnten Räthseln der Königin von Saba noch im Midrasch Echa*) d. i. in der haggadischen Auslegung der Klagelieder ein Räthsel dar, welches besonders dadurch unser Interesse gewinnt, dass es wieder den Beweis liefert, wie in früheren Zeiten man Verstand und Scharfsinn durch Räthel zu erproben suchte. Ein Athener richtet nämlich an die Kinder einer Schule Jerusalems, deren Lehrer fortgegangen ist, eine Frage, worauf diese ihm antworteten: Wir wollen das Uebereinkommen treffen, dass demjenigen, welcher etwas gefragt wird und es nicht beantworten kann, seine Kleider genommen werden. Auf den Vorschlag eingehend, wünscht der Fremde, sie sollen als die Einheimischen den Anfang machen. Die Kinder erheben aber dagegen Einspruch und sagen, da er bereits ein alter Mann sei, so komme es ihm zu, zu beginnen. Da der Athener jedoch auf seinen Willen beharrt, so fügen sich die Kinder und legen ihm folgende Räthselfrage vor. „Was ist das? Neun gehen, acht kommen, zwei schenken ein (mischen den Trank), einer trinkt und vierundzwanzig bedienen." Da der Athener das Räthsel nicht lösen kann, so nehmen sie ihm natürlich etwas weg. Er wendet sich hierauf an R. Jochanan, ihren Lehrer, mit den Worten: Ach Rabbi, geht es bei euch so übel zu, dass dem Fremden, der euch besucht, etwas weggenommen wird? Der Rabbi versetzte: Haben sie an dich vielleicht eine Frage gerichtet, die

---

*) Zu Cap. I, 1.

du nicht beantworten konntest? Allerdings! Was haben sie dich gefragt? Das und das. Der Lehrer theilte ihm nun die Lösung mit. „Die neun, welche gehen", sprach er, „sind die neun Monate der Schwangerschaft, die acht, welche kommen, sind die acht Tage bis zur Beschneidung, die zwei welche einschenken, sind die beiden Brüste der Mutter, der eine, welcher trinkt, ist der Säugling und die vierundzwanzig, welche bedienen, sind die vierundzwanzig Monate, wo das Kind gesäugt wird."*) Der Athener begab sich wieder in die Schule, trug die Lösung den Kindern vor, worauf diese ihm die abgenommenen Kleider mit den Worten Simsons an die Philistäer zurückstellen: „Hättet ihr nicht mit meinem Kalbe gepflügt, ihr würdet mein Räthsel nicht getroffen haben."

Aehnlich wie hier die Kinder Jerusalems den Athener durch eine Räthselfrage auf die Probe stellen, lässt im Schahname der Schah Minutschehr dem jungen Helden Sal durch die weisen Mobeds**) Räthsel vorlegen.***) Diese Räthsel sind nach Form und Inhalt so wohl gelungen, dass sie hier wohl eine Stelle verdienen. Sal, von dem Wundervogel Simurg, dem persischen Phönix, erzogen und durch seine Tapferkeit und Weisheit berühmt, erscheint vor dem Schah von Iran, welcher ihn aber, weil er Böses von ihm fürchtet, aus dem Wege räumen will. Da die Mobeds aus den Sternen ihm jedoch sagen, Sal werde einen unvergleichlichen Helden stellen, der alle seine Liebe Iran zuwenden werde, reinigt der Schah sein Herz von dem Hasse gegen Sal. Doch bevor er ihm seine ganze Gunst schenkt, müssen die Mobeds eine Prüfung mit ihm anstellen, um seinen Verstand und Witz zu

---

*) So lange dauerte die Zeit des Säugens bei den Juden.
**) Mobeds sind Priester, Astrologen, Wahrsager.
***) Vergl. Heldensagen von Firdusi von A. Friedr. v. Schack. 2. Aufl. Berlin 1865. S. 121 f.

erkunden. Dieselben setzen sich in Reihen und ein jeder legt ihm ein Räthsel vor. Der erste Mobed hub an:

„Zwölf Bäume sah ich spriessen, schlank und kühn,
Von stolzem Wuchse und von frischem Grün;
Niemals vermehren sich die dreissig Zweige,
Die jeder treibt, noch gehn sie je zur Neige."

Nach einigem Besinnen gab Sal die Lösung des Räthsels mit folgenden Worten:

„Zwölf junge Monde hat ein jedes Jahr,
Sie thronen wie ein junger Schehriar,[*]
Und also hat der Himmel es gewollt,
Dass jeder Mond der Tage dreissig rollt."[**]

Der zweite Mobed gab dem Sal dieses Räthsel auf:

„Zwei edle Rosse sah ich, schnell von Lauf;
Das eine schwarz, wie eines Pechmeers Welle,
Das andre leuchtend in krystall'ner Helle;
Mit hurt'gem Laufen immer eilen sie,
Ein Ross erreicht das andre nie."

Sal gab die Lösung des Räthsels mit folgenden Worten:

„Ich nenne diese Renner Tag und Nacht,
Dran man des Himmels Kreislauf messen mag;
Schnell laufend, so wie Rehe vor den Hunden,
Hat einer nie den andern überwunden."

Das Räthsel des dritten Mobeds lautete:

„Dreissig Reiter sah
Vorüberzieh'n ich bei dem Schah,
Blickst du genau hin, so wird einer fehlen,
Und dreissig siehst du doch beim Wiederzählen."

Sal antwortete:

„Wohlan, so rechnet man der Monde Lauf,
Sie ziehen vor dem Weltgebieter auf;

---

[*] Schehriar ist dasselbe, was Schah, Kaiser.
[**] Der synodische Monat wird hier rund zu 30 Tagen angenommen.

In einer Nacht sieht man, das lass dir künden,
Den Mond, sobald er abnimmt, stets verschwinden."*)

Der vierte Mobed begann:
„Auf einer Wiese —
So reich an Grün ist keine wohl wie diese —
Erscheint ein rauher, finster schaun'der Mann,
Und legt die Sichel, scharf von Schneide, an,
Indem er Trocknes so wie Grünes mäht,
Nicht kümmerts ihn, wenn man um Mitleid fleht."

Sal anwortete:
„Der Mäher ist die Zeit, wir sind das Kraut,
Gleich gilt ihr, ob wir jung sind, ob ergraut;
Ob Ahn, ob Enkel, ohne Unterschied
Wirft sie die Beute nieder, die sie sieht;
Bestimmt ist's von dem Schicksal so, dem herben,
Dass wir geboren werden, um zu sterben,
Geburt und Tod erschliessen für und für
Zum Eingang die, zum Ausgang jene Thür."

Der fünfte Mobed sprach:
„Aus wildem Meer empor
Ragt ein Cypressenpaar, als wär' es Rohr;
Ein Vogel hat in jedem Baum sein Nest,
Das wechselnd er bei Tag und Nacht verlässt;
Der Baum welkt augenblicks, von dem er flieht,
Doch der, zu dem er kommt, ergrünt und blüht;
Dürr ist drum immer eine der Cypressen,
Die andre grünt und duftet unterdessen."

---

*) Wie gerade das Jahr mit seinen zwölf Monaten, die dreissig Tage des Monats und Tag und Nacht beliebte Gegenstände für Räthselfragen waren, zeigt das von Brunck in seinem Werke: Analect. veter. poetar. graec. I, I. Argentor. 1776, p. 76 mitgetheilte Räthsel des griechischen Weisen und Tyrannen Kleobulus:
„Einer ist Vater und zwölf sind Kinder ihm, aber ein jedes
Kind hat zweimal dreissig verschieden gestaltete Kinder;
Diese sind weiss von Farbe zu schauen, schwarz aber die andern,
Und unsterblichen Seins, doch schwinden herunter sie alle."
Auch das von dem Tragiker Theodektes von Phaselis (um 400 v. Chr.) uns überkommene Räthsel (s. Athenaeus X, 74) behandelt Tag und Nacht. Es lautet:
„Kennst du zwei der Geschwister, von denen eines das andre
Sterbend gebiert, um selbst vom Gebornen geboren zu werden?"

Sal antwortete:

„Vom Widderzeichen bis zu dem der Wage,
Erglänzt die Welt im Schmucke heller Tage,
Doch tritt die Erde in's Gestirn der Fische,
Dann kommt die Nacht, die schwarze, trügerische.
Die zwei Cypressen sind die Himmelsseiten,
Die beiden, die uns Glück und Leid bereiten;
Der Vogel, der drin nistet, ist die Sonne,
Sie giebt beim Scheiden Schmerz, beim Kommen Wonne."

Der sechste Mobed endlich sprach:

„Ein Haus hab' ich geschaut,
Auf hohem Felsen war es fest gebaut,
Die Menschen zogen fort aus diesem Haus,
Sie suchten unter sich ein Dornfeld aus.
Und bauten himmelan die Städte da;
Knecht war der eine und der andre Schah;
Nicht mehr an ihre Heimath dachten sie;
Von einem Erdstoss wurde da ihr Land
Verwüstet, ihrer Städte Bau verschwand;
Nun wendeten sie wieder die Gedanken
Zum Hause, dessen Mauern nimmer wanken."

Sal antwortete:

Die ew'ge Welt, an die der Gläub'ge glaubt,
Ist jenes Haus auf steilem Felsenhaupt;
Und diese wechselreiche, flücht'ge Welt
Voll Lust wie Leiden ist das Dornenfeld.
Sie zählt die Athemzüge, die du thust,
Ob früh, ob später du im Grabe ruhst;
Am Ende wird ein Erdstoss sich erheben,
Dann lassen seufzend wir all unser Streben
Und Müh'n auf diesem Dornenfeld zurück
Und richten auf das feste Haupt den Blick;
Ein andrer kostet unsrer Mühen Frucht;
Doch er auch zieht vorbei in rascher Flucht.
So war's von je, so wird für immerdar
Es sein, und dieser Spruch bleibt ewig wahr:
Vollbrachten wir der guten Thaten viel,
So wird uns Ruhm an unserm Reiseziel,
Doch waren wir verderbt, so kommt die Kunde
Davon zu Tag in unsrer letzten Stunde;

Ob unser Schloss auch hoch den Scheitel trug
Bis zum Saturn — nichts als das Leichentuch
Wird uns zuletzt; der Kühnste wird erschreckt,
Wenn Brust und Haupt ihm schwarzer Staub bedeckt."

Räthselcharakter hat auch die Frage, welche ein Athener in derselben Quelle*) an einen jerusalemitischen Priester gerichtet haben soll. Die Frage war: „Wieviel Rauch giebt ein Bund Späne?" Der Priester gab zur Antwort: „Wenn sie feucht sind, geht alles in Rauch auf, sind sie aber trocken, so giebt es ein Drittel Rauch, ein Drittel Asche und ein Drittel Feuer."

Ein eigenthümliches Thaträthsel wird uns ferner von dem angeblichen Redactor der Mischna, R. Jehuda, dem Fürsten, erzählt**). „Antoninus sandte zu unserem Rabbi und liess ihn fragen: Da die Magazine Mangel leiden, was sollen wir thun, um sie wieder zu füllen. Rabbi nahm den Boten und ging mit ihm in den Garten, fing an die grossen Rettige herauszureissen und pflanzte kleine dafür. Gieb mir doch, sprach der Bote, eine schriftliche Antwort. Du brauchst keine, versetzte unser Rabbi. Als der Bote zum König zurückkam, sprach dieser: Wo ist die Antwort? Der Bote antwortete: Er hat mir keine gegeben. Was hat er dir gesagt? fuhr der König fort. Der Bote sprach: Er hat mir nichts gesagt. Hat er nichts vor dir (in deiner Gegenwart) gethan? fragte der König weiter. Er nahm mich, gab der Bote zur Antwort, und führte mich in den Garten, fing an die grossen und starken Rettige herauszureissen und kleine dafür zu pflanzen. Antoninus verstand sofort den Sinn der Handlung, er setzte die alten Befehlshaber (duces) ab und setzte neue an ihrer Stelle ein."

Diese räthselhafte symbolische Antwort verdient

---

*) S. Midrasch Echa Cap. I, I.
**) S. Midrasch Bereschit rabba Par. 67.

schon deshalb unsere Aufmerksamkeit, als uns von Dionysius von Halikarnass etwas ganz Aehnliches berichtet wird. Es heisst*): „Durch Trug und Verstellung zu grosser Macht gelangt, schickte Sextus, ohne Wissen der Gabier, einen seiner Diener an den Vater, um ihm seine erlangte Macht anzuzeigen und ihn zu fragen, was er thun solle? Tarquinius, der nicht wollte, dass der Diener wisse, was er seinem Sohn zu thun befehle, führte den Boten in den vor der Königsburg gelegenen Garten. In diesem standen grade Mohnstengel, voller Frucht, und zum Einsammeln reif. Durch diese hinstreichend, schlug er jedem emporragenden Mohnstengel den Kopf ab und warf ihn zu Boden. Hierauf entliess er, ohne auf seine öfteren Fragen zu antworten, den Boten — den Gedanken Thrasybuls von Miletus nachahmend; denn auch dieser schickte dem Periander, dem ehemaligen Tyrannen in Korinth, durch den abgesandten Boten (auf die Frage): Wie er das Reich am sichersten behaupten könne, kein erwiederndes Wort zurück, sondern hiess ihn bei seiner Ankunft ihm folgen, führte ihn durch ein Fruchtfeld, brach die höchsten Aehren ab und warf sie zu Boden, anzeigend, dass man die angesehensten Bürger einen Kopf kürzer machen und vertilgen müsse."

Mit den Räthseln eng verwandt sind die emblematischen oder verbrämten Ausdrucksweisen. Wie wir z. B. für: „es schneit" zu sagen pflegen: „es federt" oder: „die Engel schütteln ihre Betten aus," oder wie wir beim Schläfrigwerden der Kinder, wenn sie sich die Augen reiben, zu sagen pflegen: „der Sandmann kommt," ähnliche Redensarten gab es auch bei den Juden. Es hatte sich sogar in dieser Hinsicht eine besondere Kunstsprache, laschon chochma (לשון חכמה), Sprache der Klugheit genannt, gebildet. Im babylo-

---

*) S. Urgeschichte der Römer, 4. Buch. § 56.

nischen Talmud*), finden sich Proben dieser Kunstsprache. So sagte die Sklavin im Hause des schon mehrfach genannten Patriarchen Rabbi Jehuda zu den Gästen, wenn nichts mehr da war und wenn sie sich entfernen sollten: „Die Kanne klopft an den Krug, enteilt ihr Adler zu euern Nestern!" Wollte sie dagegen, dass die Gäste sich niederlassen sollten, so sprach sie: „Eine andere folge ihrer Genossin, es schwimme die Kanne im Kruge wie ein Schiff, was auf dem Meere segelt." Wenn R. Jose bar Asijan ein Mahl von Braten mit einer Zukost von Porée mit Senf wünschte, pflegte er zu sagen: „Macht mir einen Ochsen nach Gebühr mit einem Berge des Armen!" Erkundigte er sich nach einem Gastwirth, so pflegte er das Wort Oschpisa auf folgende Art witzig zu umschreiben: Geber pum den chai mah tibo, d. i. dieser Mann, wie ist seine Art**)?" Wenn Rabbi Abuhu in der Kunstsprache sprechen wollte, pflegte er zu sagen: „Machet die Kohlen orangenfarbig (d. h. machet sie glühend), dehnet die goldschimmernden (d. h. breitet die glühenden Kohlen) aus und bereitet mir zwei Rufer (Herolde) der Dunkelheit." Er wollte damit sagen, dass man ihm zwei Hühner braten sollte. Die Rabbinen sprachen zu R. Abuhu: „Entdecke uns, wo R. Ilai verborgen ist?" Er sprach zu ihnen: „Er scherzt mit einer Dirne, einer Aaronidin (einer Priestertochter), einer andern (die seine zweite Frau wurde), sie ist wachsam (rege, lebhaft) und hält ihn wachsam (macht ihn geweckten Geistes)***)." Er wollte damit sagen, dass R. Ilai mit einem Mischnatractat (nämlich mit Taha-

---

*) Erubin fol. 53b.

**) אוֹשְׁפִּיזָא = גבר פם דין חי מה טיבו d. i. גבר für איש statt אִישׁ, פם für פי, דין für ז (statt זה), חי für נא, also נא זי פי איש. S. Levy, Neuhebr. u. Chald. WWB. Bd. I, S. 297ᵃ

***) Die Wortspiele אהרונית und אחרונית und עירנית und והנעירתו lassen sich im Deutschen kaum wiedergeben.

rot, die Priesterreinigungen betreffend) beschäftigt sei*). Rabbi Ilai wurde gefragt: „Entdecke uns, wo R. Abuhu verborgen ist?" Er antwortete: „Er beräth sich mit dem Kronenverleiher (d. i. dem Nasi, der die Autorisation ertheilt) und hat sich nach dem Süden zu Mephibaseth**) begeben."

Nach Vorführung der Räthsel im talmudischen Schriftthum erübrigt es noch, diejenigen der mittelalterlichen jüdischen Schriftsteller zu betrachten. Sowohl Moses Ibn Esra und Abraham Ibn Esra, wie Jehuda ha-Levi, Alcharisi und Immanuel ben Salomo Romi haben manche sinnige Räthsel gedichtet. Moses Ibn Esra, oder vollständig: Mose bar Jacob Ibn Esra, aus einer der angesehensten und einflussreichsten Familien Granadas stammend, blühte in der ersten Hälfte des 12. Jahrhunderts. Was seine poetischen Leistungen anlangt, so gehört er zu den Stürmern und Drängern in der mittelalterlichen jüdischen Litteratur. Es fehlt ihm nicht an Phantasie und Gefühlsinnigkeit, aber er findet für seine Gedanken nicht immer die ebenmässige Form. Ein von ihm auf uns gekommenes sehr fein gedachtes Räthsel lautet: „Obwohl eine Schwester der Sonne, ist sie doch für die dunkle Nacht bereitet, und sie leuchtet wie die Sonne in der Finsterniss, sie hat eine Höhe gleich der Palme, oder sage, sie ist wie ein goldener Speer vor uns aufgerichtet. Macht das Feuer ihren Körper tropfen, so lacht sie und ihre Thräne ist auf ihre Wange hingegossen. Wenn sie sich zum Sterben neigt, so nehme man ihr schnell das Haupt und es wird ihr dadurch Genesung. Nie sahen wir vor uns ein solches Geschöpf,

---

*) Der Talmud selbst bemerkt dazu, dass manche darunter ein Weib, manche aber eine Mesachtha verstehen.

**) D. i. zu den Gelehrten des Südens. Mephiboseth soll nämlich ein grosser Gelehrter gewesen sein. Vergl. Berach. fol. 4a.

was zu gleicher Zeit lacht und weint," oder nach der trefflichen metrischen Uebertragung bei Kämpf*):

„Der Sonne Schwester ist's, gemacht
Zu dienen dir in dunkler Nacht;
Der Palme gleich strebt's himmelan,
Ein goldner Spiess erstrahlt's in Pracht;
Die Thräne perlt an seiner Wang',
Wird von der Flamm' sein Leib benagt;
Ist's nah dem Tod, enthaupt' es schnell,
So wird sein Leben angefacht.
Nie sah ein solches Wesen ich,
Das weint zu gleicher Zeit und lacht."
(Auflösung: Die Kerze.)

Der zweite der genannten Dichter, Ibn Esra, vollständig Abraham ben Meïr Ibn Esra, welcher ebenfalls im 12. Jahrhundert lebte, ist der eigentliche Schöpfer der wissenschaftlichen Bibelkritik. In seinem Commentar zum Pentateuch finden sich bereits zahlreiche textkritische Andeutungen, welche der Scharfblick der Neuzeit erst wieder entdeckt hat, nur schade, dass seine diesbezüglichen Forschungen sehr verschleiert und dunkel ausgedrückt sind. Was Spinoza Textkritisches in seinem Tractatus theologico-politicus niedergelegt hat, kann in gewissem Sinne als eine Ausbeute seines Studiums von Ibn Esra bezeichnet werden. Obwohl der grosse Denker von seinen Zeitgenossen wegen seiner Gelehrsamkeit und Frömmigkeit hochgeachtet und geehrt wurde, so war ihm doch das Schicksal wenig hold, er liess sich aber dadurch nicht niederbeugen, besonders verlor er niemals seinen Humor. Ironisirt er doch selbst sein trübes Loos mit den Worten:

„Vergebens ist nach Glück mein Streben,
Der Himmel will, dass ich verderbe.

---

*) S. Nicht-andalusische Poesie andalusischer Dichter aus dem elften, zwölften und dreizehnten Jahrhundert. Prag 1858, Bd. 1, S. 211. Das hebräische Original das. Bd. 2, S. 216.

Wäre Todtenkleidung mein Gewerbe —
Es stürbe keiner all mein Leben.
Mein traurig Loos, das hart und herbe —
Ein bös' Gestirn hat mir's gegeben,
Wollt' ich durch Lichtverkauf mich heben —
Es schien die Sonne bis ich stürbe*)."

Sämmtliche von Ibn Esra verfassten grammatischen Räthsel eignen sich theils wegen ihrer enormen Schwierigkeit, theils wegen ihres grammatischen Charakters nicht für diese Skizze, es soll hier nur ausführlich erörtert werden das berühmteste, welches gewöhnlich zu Beginn seines Pentateuchcommentars steht und von ausnehmender Dunkelheit und Schwierigkeit ist und vielfache Behandlung erfahren hat**). Den Inhalt des Räthsels bilden die Buchstaben אהו"י (Aleph, He, Vav und Jod) des hebräischen Alphabets, sowohl hinsichtlich ihres Zahlenwerthes, wie ihrer Gestalt und grammatischen Functionen. Auf die grosse Schwierigkeit des Räthsels deuten schon die vom Autor vorgesetzten Eingangsworte: „Verständige hörten mein Räthselwort und staunten! wohlan, wisset, alle Weisen ermüdeten, es zu lösen." Das Räthsel selbst lautet***): „Ein Vater auf Erden hat vier Brüder gezeugt (1); sie sind nicht schwer, nicht leicht, nicht trocken, nicht feucht; ihre Räder (2) laufen mit ihnen, sie aber rasten und ruhen (3).

---

*) S. Kämpf, a. a. O. S. 214.

**) Am ausführlichsten wurde es behandelt von Naftali Keller im hebr. Jahrbuch Biccurim, Bd. I, S. 66 ff. Vergl. Steinschneider in seinem Catalog der hebräischen Handschriften der Bodlejana No. 683 und W. Bacher, Abraham Ibn Esra als Grammatiker S. 23 im Jahresbericht der Landesrabbinerschule zu Budapest, 1881.

***) Unserer Erläuterung des Räthsels liegt der Super-Commentar בן ימיני von Wolf Prerau zu Grunde.

(1) Es sind die Buchstaben אהו"י

(2) D. i. die übrigen Buchstaben.

(3) Die Buchstaben אהו"י werden nur in Verbindung mit andern Buchstaben vernommen z. B. אָבַר,הוּא וַיֹּאמֶר

Mit ihnen sind die Thiergestalten vom Himmel erschaffen worden, die bald unsichtbar, bald sichtbar sind. Euer Auge sah es, mit der Zeit wird es sich zeigen, wie furchtbar mein Wort ist (4).

Denn ihr Erstgeborner (5) nimmt einen grossen Theil und einen grossen Namen mit der Erstgeburt (6); auch sein Name wird zum zweiten hinzugefügt (7) und im Verborgenen (8) gelesen.

Den dritten nennen Weise mit seinem Namen doppelt (9), auch den vierten fanden sie verdoppelt (10) im Gewichte (11). Den Erstgebornen fanden sie männlich und weiblich (12) und den zweiten Bruder nach ihm als weiblich (13) und den dritten erkennst du an seiner Männlichkeit (14).

Der vierte ist männlich (15), am Ende aber weiblich (16), Midianiter (Streiter in der Deutung) (17), eilet herbei! (18) kommt! vielleicht werdet ihr es finden (19).

---

(4) Die Worte: דִּבְרֵי בָּה טוֹרָא enthalten die Buchstaben אתה, sie sind aber nur fürs Auge und werden nicht gehört.

(5) א, ausgeschrieben אלף, hat in der Zahl 111, was mehr ist als ו"הו, die ausgeschrieben nur die Zahl 38 geben (nämlich א"ה = 6, ו"ו = 12, יוד = 20; in Summa = 38).

(6) אלף ist 1000.

(7) Wenn ה ausgeschrieben wird (ה"א).

(8) Es quiescirt.

(9) Wenn ו ausgeschrieben wird (ו"ו).

(10) י ausgeschrieben (יוד) hat in der Zahl 20.

(11) ה ist gleich im Zahlenwerthe von י allein, jedes beträgt 10.

(12) Z. B. im Worte אֶלֶךְ dient א zur Bezeichnung der 1. Person masc. und femin.

(13) ה dient am Ende zur Bezeichnung des Femininums z. B. אָתָה.

(14) ו dient am Ende zur Bezeichnung des Masculinums, z. B. אוֹתוֹ.

(15) י drückt vor dem Verb das Futur. sing. u. plur. aus z. B. יִרְאֶה, יִרְאוּ.

(16) י dient am Ende des Verb zur Bezeichnung des Imperativi femin, z. B. רְאִי רְאִי.

(17) Vergl. Num. 31, 8, wo einer der fünf midianitischen Fürsten אוי heisst.

(18) Nämlich die Buchstaben אתה.

(19) עוּשׁוּ aus Joel 4, 11 entlehnt.

Fraget einen König von Israel (20), damit ihr nicht fehl geht (= ohne dass ihr fehlt) (21).

Der Erstgeborne wird gefunden, ruhend in sechs Rädern (22). Nach ihm kommt der zweite (23) und er wird dreimal genannt (24).

Zwei wohnen in zwei (25), und ihre Rede (Aussprache) ist schwer (26).

Suchet im Buche Gottes (27) und leset:

Am Tage, da Gott den Menschen schuf, wurden auch diese vier geschaffen (28).

Die Zahl des vierten mit seinen Brüdern zusammengenommen hat etwas mehr (29).

Wie der zweite über dem ersten ist, sei zum Ge-

---

(20) Gemeint ist יהוא ben Josaphat s. 2. Reg. 9, 2, vergl. Num. 11, 11.

(21) S. 1. Reg. 21. Die Bedeutung fehlen hat נֶחֱטָא in der Redensart: קוֹלֵעַ אֶל הַשַּׂעֲרָה וְלֹא יַחֲטִא, er schleuderte nach einem Haare und fehlte nicht.

(22) d. i. א quiescirt auf sechs Weisen, mit Cholem in ראש, mit Kamez gadol in רָאשִׁים, mit Chirek in רִאשׁוֹן, mit Kamez katan, d. i. Zere im רָאשִׁית, mit Patach gadol in לחטאת ולנגה Sach. 13, 1, mit Patach katan, d. i. Segol in אֱלֶף s. Ex. 15, 11.

(23) d. i. ה, welches nach א scheinbar quiescirt in רְפָאָה, 1. Pf. 41, 5 und חַפָּאָה s. Jes. 5, 18.

(24) d. i. ה kommt als הא dreimal im A. T. vor, in der Thora Gen. 47, 23: הא לכם זרע, in den Propheten Ezech. 16, 43: דרכך בראש הא, in den Hagiographen Dan. 2, 43: הא כרי פרזלא.

(25) ו und י wohnen in א und ה, denn die Gestalt des א hat ein י oben und ein י unten und ו ist in der Mitte; ebenso ist ה zusammengesetzt aus רו oder רי.

(26) S. Prov. 25, 10. Sinn: Sie sind schwerer auszusprechen, als die beiden anderen (ו und י); denn א und ה sind Kehlbuchstaben (kommen aus der Kehle), ו ist ein Lippenbuchstabe und י ist ein Gaumenbuchstabe.

(27) d. i. der Genesis, wo es das. 5, 1 heisst: זה ספר תולדות אדם ביום ברא אלהים.

(28) Nämlich in den Worten Gen. 1, 28: ויברא אלהים את האדם sind die beiden Buchstaben ו und in האדם die Buchstaben הא enthalten, mithin alle vier אתוי.

(29) י hat 10 in der Zahl, also mehr als seine Brüder, die nur vier sind.

dächtniss (30). Das Geheimniss der beiden mittelsten Brüder ist soviel wie der erste mit dem letzten (31). Das Gewicht der vier, wenn sie auf die Wage kommen, ist soviel, als wenn alle aufgenommen (gezählt) werden (32). Kopf und Fuss und Arm mit einem Leib hat der Erste (33), auch zwei Gestalten hat der Zweite, und sein Bruder gleicht dem Schilfrohr (34). Der Vierte ist wie ein halbes Rad (35) und 'er ist nicht der Inhaber der Menge (36). Waschet euch mit den Wassern der Weisheit des Herzens in hohen Wassern (37)! Löset nicht eher mein Räthsel, als bis ihr euch entsündigt habt (38)!"

Ein anderes Räthsel Ibn Esras wieder behandelt die Buchstaben מ"ן (Mem und Nun), welches wir aber übergehen. Ein nichtgrammatisches Räthsel von unserem Autor hat Polak veröffentlicht*). Auch ein Zahlenräthsel über das Schachspiel ist von Ibn Esra vorhanden, welches in punktirtem Texte und mit einer lateinischen Uebersetzung bei Thomas Hyde, de ludis Orientalibus (Oxonii 1694) steht und neuerdings von

---

(30) d. i. ח ist in der Zahl um vier mehr als א.

(31) d. i. ח und ו sind der Zahl nach soviel wie א und י; nämlich beide betragen je 11.

(32) d. i. ארבע haben in der Zahl 22, also gerade soviel als das Alphabet Buchstaben hat. Zum Ausdrucke vergl. Num. 4, 2 und Ex. 21, 2.

(33) d. i. die Gestalt des א hat einen Kopf, einen Fuss, einen Arm und einen Leib.

(34) ה hat die Gestalt von רו oder von רי und gleicht in seiner Form dem Schilfrohr.

(35) י gleicht in der Form einem halben Rade, ausserdem ist der Zahlenwerth des ausgeschriebenen יו = die Hälfte von י = 10.

(36) י ist der Anfang aller Buchstabengestalten.

(37) S. Ezech. 47, 5: נאו המים.

(38) S. Num. 31, 20.

*) S. die Sammelschrift Halichoth Kedem (הליכות קדם), Amsterdam 1847.

Steinschneider in seiner Abhandlung über das Schach bei den Juden wieder veröffentlicht worden ist. Bekannt ist endlich noch eine arithmetische Aufgabe, welche darstellt, wie Ibn Esra sich mit seinen Schülern bei einer Schifffahrt von dem Tode errettete, indem sie sich so placirten, dass sie der durch Auszählen geschehenden Losung, welcher sich die ganze Mannschaft unterwerfen musste, entgingen.

Ein Zeitgenosse Ibn Esras war Jehuda ha-Levi, arabisch Abu'l-Hassan, nach seinem Geburtslande auch der Castilier genannt, und um das Jahr 1080 geboren. Sowohl sein religions-philosophisches Werk Cusari, wie seine religiösen Poesien, von denen namentlich die Elegie auf Zion Erwähnung verdient, nicht minder sein bis zum Jahre 1810 unbekannt gebliebener Divan, haben ihm einen hervorragenden Platz in der mittelalterlichen jüdischen Literatur gesichert. Wir geben von diesem Dichter folgende sechs Räthsel.

Erstes Räthsel. „Heil den Freunden, die unser Gesetz lernen, sie werden immer vereint bleiben in unserem Bunde, will ein Fremder jedoch zwischen uns beiden durchgehen, so schneiden wir durch und kehren dann wieder zu unserem früheren Stande zurück. „Nach der metrischen Uebertragung bei Kämpf:

„Wollt lernen ihr die Freundschaft kennen?
So kommt, wir machen es euch kund:
Wir schneiden durch, was uns will trennen,
Und unverletzt bleibt unser Bund."
(Auflösung: Die Scherenschneiden.)

Zweites Räthsel: „Ein Geräth ist's, fassend ohne Mass und Ende und doch ist's klein, du kannst es mit deiner Hand erfassen; fern von dir ist, um zu ergreifen, was darin ist und doch kannst du es Aug' in Auge sehen." Nach der metrischen Uebertragung bei Kämpf:

„Das All vermag es einzusaugen,
Und wird so leicht von dir umspannt;

Du fängst sein Bild nicht mit der Hand,
Und schaust es doch mit deinen Augen."
(Auflösung: Der Taschenspiegel.)

Drittes Räthsel: „Was ist blind und hat doch ein Auge an seinem Kopf, alle Menschen brauchen es, und es bringt alle seine Tage zu mit der Bekleidung der Sterblichen, es selbst aber ist nackt und bloss." Nach der metrischen Uebertragung bei Kämpf:

„Ein Auge hat's und ist doch blind —
Die Menschen sein benöthigt sind;
Es schafft Gewänder weit und gross,
Und geht doch selber nackt und bloss."
(Auflösung: Die Nähnadel.)

Viertes Räthsel: „Ein Vogel ist's, welcher Schwarze, Grade, auch Fromme in den Seiten ausspeit, schwach ist's und doch stark, es ist einem Joche ähnlich, stumm ist's und jubelt doch wie der Sänger; es ist nicht lebendig und auch nicht todt, und sein Blut bringt Heilung dem bittersten Seelenschmerz." Nach der metrischen Uebertragung bei Kämpf:

„Ein Vöglein ist's, das weit und breit
Aus seinem Schnabel Raben speit;
Es ist so schwach — und mächtig wieder —
Stumm — heitert's auf durch frohe Lieder;
Es ist nicht todt und nicht lebendig,
Sein Blut stillt Seelenschmerz beständig."
(Auflösung: Die Schreibfeder.)

Fünftes Räthsel: „Was weint ohne Aug' und ohne Augenwimper und bei dem Weinen erfreuen sich Kinder und Eltern, aber in der Zeit, wo sein Auge lacht und nicht weint, trauern alle Herzen." Nach der metrischen Uebertragung bei Kämpf:

„Kennst du das Ding, das ohne Auge weint?
Froh ist die Welt, wenn thränend es erscheint;
Doch will sein Zährenstrom nicht reichlich fliessen,
Dann sieht man Menschen Thränen, ach! vergiessen."
(Auflösung: Die Regenwolke.)

Sechstes Räthsel: „Was ist todt auf der Erde hingeworfen und wird nackt von Menschen begraben, aber es lebt auf in seinem Grabe und zeugt Kinder, die bekleidet hervorgehen." Nach der metrischen Uebertragung bei Kämpf:

> „Ohn Leben, wird es nackt und bloss
> Begraben in der Erde Schoss;
> Im Grabe fängt's zu leben an,
> Und steigt empor schön angethan."
> (Auflösung: Das Weizenkorn.)

Alcharisi blühte im 13. Jahrhundert. Mit Recht wird er der jüdische Hariri genannt, denn er hat nicht nur die Makamen des Hariri ins Hebräische übertragen, sondern, was noch mehr sagen will, er hat selbst ein aus fünfzig Novellen bestehendes Makamenbuch unter dem Titel „Tachkemoni" verfasst, wenn ihm dabei auch immer, wenigstens was die äussere Form anlangt, die Harirische Dichtung Vorbild und Muster blieb. Das Werk ist ein staunenswerthes Denkmal der Erweiterung des hebräischen Sprachschatzes und Sprachstils. Die Reimprosa ist durch Alcharisi auf die höchste Stufe der Entwickelung gebracht worden. Die vierte Makame nun, in welcher zwei Sänger einen Wettstreit anstellen, wer von beiden schönere Lieder singen könne, enthält zwei Räthsel, die sowohl von Kraft*) als auch von Kämpf**) übertragen worden sind. Da die Kämpf'sche Uebertragung aber die Kraft'sche an Originalität und dichterischen Schwung noch übetrifft, so ziehen wir es vor, den Lesern die betreffenden Räthsel in dieser vorzuführen. Sie lauten:

> Die Heldendirn' in schwarzer Tracht
> Die Dirnen all' zu Schanden macht;

---

*) Kraft, Proben neuhebräischer Poesie, I. Bd. Ansbach 1839.
**) Kämpf, Nichtandalusische Poesie andalusischer Dichter I. Bd. Prag 1858. S. 20 ff.

Nicht Gürtel kennt sie und nicht Gurt,
Doch ist gerüstet sie mit Macht;
Wie Myrrhe ist ihr Leib gefärbt,
Doch Myrrhenduft sie stolz verlacht;
Früh geht sie auf die Lauer aus,
Noch eh' es tagt, ist sie erwacht;
Die Sorg' für ihren Unterhalt
Verkürzt den Schlaf ihr in der Nacht;
Wenn Tagelöhner auf erst stehn,
Steht sie schon munter auf der Wacht;
Sie häuft Getreidevorrath auf,
Ist stets auf Hungersnoth bedacht;
Und jedes Körnlein, das sie fängt,
Vergräbt sie hurtig in den Schacht;
Sie wühlet in der Erde Leib,
Höhlt Grotten aus für ihre Fracht;
Und alles, was sie sammelt ein,
Das wird von ihr dahin gebracht;
Auf Einbruch geht sie täglich aus,
Und kommt doch niemals in Verdacht;
Im Sommer liebt das Freie sie,
Doch nimmt vor Frost sie sich in Acht;
Darum versorgt sie sich mit Brot,
Eh' fühlbar wird des Winters Macht;
An Weizen hat sie Mangel nie,
Und ihre Mazze*) ist bewacht;
Lebendig dann begräbt sie sich,
Sobald die Ernte ist vollbracht;
Sperrt ihre Stätt' wie Jericho,
Hält zu das Thor bei Tag und Nacht;
Bis wieder naht die Sommerszeit,
Des Hauses Pforten auf sie macht;
Entwindet sich der Veste Schoss,
Eilt nach Bet-Léhem auf die Jagd;
Sie wähnt, dass wenn umher sie schweift,
So wird sie los der Sünde Tracht;
Und während früh noch alles schläft,
Hat sie sich schon hinausgewagt,
Bewegend sich von Ort zu Ort,
Wie jemand, der Geschäfte macht;
Sie lehrt die Menschen ruhig sein —
Wer hat ihr dieses beigebracht?

*) Anspielung auf Ex 12, 17.

Im Bette wälzt der Träge sich —
Sie aber schaut des Frühlings Pracht.
(Auflösung: Die Ameise.)

Das andere Räthsel des Dichters lautet:
Der Nachtgeborne, der nach Nacht begehrt,
In Finsternissen siebenfach bewährt —
Fänd' Rettung er in seiner Schwungkraft nicht, —
Vom eignen Feuer würde er verzehrt!
Er scheint von Profession ein Schmiedgesell',
Den schwarzverkohlt die Flamme und betheert.
Nur mit den Fittigen der Finsterniss
Fliegt er und niemand seinen Flug erfährt.
Mich schmerzt sein Stich nur, bis ich ihn erlegt, —.
Durch seinen Tod wird Heilung mir gewährt.
Als Waffe dient ihm sein Gebiss, das er
Im Kampfe gegen mich gebraucht als Schwert.
Mein Blut gleicht einer Rose, welche knospt,
Die er, noch eh' sie aufgeblüht, zerstört.
Er sucht mich heim um Mitternacht, und schliess'
Die Thür ich auch — er wird nicht abgewehrt.
Sein Treiben ist, wie das der Fledermaus,
Die nur zur Nachtzeit aus auf Beute fährt.
So quält er mich die ganze Nacht hindurch,
Nicht lässt er ab, bis sich der Morgen näh'rt.
So raubt er mir den Schlaf, dehnt aus die Nacht,
Die er beginnen lässt, wenn auf sie hört.
Sind's Honigströme, die er in mir sucht,
Dass er so gern von meinem Saft sich nährt? —
Des Tages Blick verscheucht ihn schon, nicht braucht's
Des Sturms, da er so klein, gering an Werth,
Er scheint ein Tintentröpflein nur zu sein,
Wie es des Schreibers Feder oft erfährt.
(Auflösung: Der Floh.)

Der letzte der oben angeführten Dichter, Immanuel ben Salomo Romi, ein Zeitgenosse Dante's († um 1330), ist der Boccaccio der jüdischen schönen Literatur. Und in der That, seine Lieder- und Novellensammlung „Machberoth" erinnert hinsichtlich des lustigen, derben, leichtfertigen und frivolen Tones vielfach an Boccaccios Decamerone. Unter den zahlreichen Witzspielen und tollen

Liedern, welche der Dichter seinen Novellen einverleibt hat, kommen auch einige Räthsel vor, von denen wenigstens eins hier eine Stelle finden mag. Es steht in der 17. Novelle und lautet: „Sagt an, was ist das? Ein Eheweib wurde am Tage, da die Berge geboren wurden, auch geboren; am Tage, wo das Haus der Ehebrecher entstand, beeilte sie sich und beging gegen ihre Freier Untreue. Sie fand Lust an dem Schleimflussbehafteten und Nichtswürdigen, aber an jedem, gegen den sie in Liebe entbrannte, beging sie Untreue. Sie kannte keine Wittwenschaft und sie stand nicht ab, um sich zu ergötzen an der Versammlung der Buhlerinnen und Treulosen; sie selbst wirkte nicht, sondern liess auf sich wirken; viel waren ihre Jahre, sie war aber nicht alt; sie fand Lust an Fremden, ihrem Gemahl aber war sie abgeneigt." (Auflösung: Die Materie.)

Zum Schlusse erübrigt es noch, ein merkwürdiges Zahlenräthselspiel zu betrachten, welches sich am Ende der Pesachhaggada hinter dem alten im aramäischen Dialekte geschriebenen und wahrscheinlich die ewig sich fortwälzende Vergeltung symbolisirenden Liede: „Chad gadja, chad gadja (ein Böcklein, ein Böcklein)" befindet. Das Räthsel durchläuft den Zahlenraum von Eins bis Dreizehn in ununterbrochener Reihenfolge und wird nach den Anfangsworten gewöhnlich: Echad mi jodea genannt. Es lautet:

Eins, wer weiss es? Eins, ich weiss es — eins ist unser Gott im Himmel und auf Erden.

Zwei, wer weiss es? Zwei, ich weiss es — zwei sind die Bundestafeln, eins ist unser Gott im Himmel und auf Erden u. s. w.

Drei, wer weiss es? Drei, ich weiss es — drei sind die Altväter, zwei sind die Bundestafeln u. s. w.

Vier, wer weiss es? Vier, ich weiss es — vier sind die Stammmütter, drei sind die Altväter u. s. w.

Fünf, wer weiss es? Fünf, ich weiss es — fünf sind

die Bücher (Rollen) der Thora, vier sind die Stammmütter u. s. w.

Sechs, wer weiss es? Sechs, ich weiss es — sechs sind die Ordnungen der Mischna, fünf sind die Bücher der Thora u. s. w.

Sieben, wer weiss es? Sieben, ich weiss es — sieben sind die Tage der Woche, sechs sind die Ordnungen der Mischna u. s. w.

Acht, wer weiss es? Acht, ich weiss es — acht sind die Tage der Beschneidung, sieben sind die Tage der Woche u. s. w.

Neun, wer weiss es? Neun, ich weiss es — neun sind die Monate der Schwangerschaft, acht sind die Tage der Beschneidung u. s. w.

Zehn, wer weiss es? Zehn, ich weiss es — zehn sind die Gebote, neun sind die Tage der Schwangerschaft u. s. w.

Elf, wer weiss es? Elf, ich weiss es — elf sind die Sterne (welche Joseph im Traume sah), zehn sind die Gebote u. s. w.

Zwölf, wer weiss es? Zwölf, ich weiss es — zwölf sind die Stämme, elf sind die Sterne u. s. w.

Dreizehn, wer weiss es? Dreizehn, ich weiss es — dreizehn sind die Eigenschaften der göttlichen Barmherzigkeit, zwölf sind die Stämme u. s. w.*)

Ueber den Sinn dieses jedenfalls im Oriente entstandenen und sicher sehr alten Räthselspiels habe ich nichts finden können, was mich vollständig befriedigt hätte. Nach meinem Dafürhalten ist dasselbe weiter nichts als ein Responsorium zwischen dem israelitischen Hausvater und den Gliedern seiner Familie, namentlich seinen Kindern, in der zweiten Nacht des Pesachfestes, um ihnen die hervorragendsten Begebenheiten der alt-

---

*) Die metrische Uebertragung dieses Räthsels s. bei Fürst, die Pesachhaggada von neuem aus dem hebräischen Originale verdeutscht, Leipzig 1866, S. 37 u. 38.

testamentlichen Bundesgeschichte einzuprägen. Es beginnt mit der Einheit Gottes und schliesst mit den dreizehn Eigenschaften der göttlichen Barmherzigkeit. Hinsichtlich der letzteren bemerke ich, dass dieselben aus Ex. 34, 6 und 7 abgeleitet sind und zwar so, dass das Wort וְנַקֵּה von dem folgenden יְנַקֶּה getrennt wird.*) Zwischen dem ersten und letzten Gliede liegen die verschiedenen bundesgeschichtlichen Thatsachen und Liebesbezeugungen Gottes an dem israelitischen Volke. Das Räthselspiel sollte damit zweifellos zugleich einem mnemonischen Zwecke dienen. Ein besonderes Interesse gewinnt aber das Räthselspiel insofern, als es uns zum Vergleiche mit ähnlichen Zahlenräthseln auffordert. So enthält das Ardâ-Virâf-nameh **) S. 205—66 eine Erzählung des Gôsht-i Fryânô im Anfange ein Räthsel, welches in mehreren Punkten mit dem Räthsel der Pesachhaggada übereinstimmt. In der Pehlevierzählung handelt es sich um einen Zauberer, Namens Akht, der den Vorsatz gefasst hat, die Stadt der Räthsellöser zu zerstören und ihre Einwohner umzubringen. Zu diesem Zwecke lässt er dem Gôsht-i Fryânô, einem frommen Einwohner dieser Stadt, melden: „Komm zu mir, damit ich dir 33 Räthsel aufgebe und wenn du keine Antwort giebst oder sagst: Ich weiss nicht, dann werde ich dich sofort tödten." Gôhst-i Fryânô löst aber sämmtliche ihm aufgegebene Räthsel. Nachdem das geschehen, giebt er dem Zauberer Akht drei Räthsel auf, die der-

---

*) In der Pesikta des Rab Kahana Piska 6 (Eth Korbani Anf. 57ᵃ) heisst es: Dreizehn Eigenschaften der Barmherzigkeit finden sich bei Gott verzeichnet, nämlich 1) Ewiger, 2) Ewiger, 3) Gott, 4) barmherzig, 5) gnädig, 6) langmüthig, 7) huldvoll, 8) wahrhaftig, 9) liebevoll gegen Tausende (von Geschlechtern), 10) verzeihend die Schuld, 11) die Missethat, 12) die Sünde, 13) und reinigend.

**) Das Original hat E. W. West mit englischer Uebersetzung herausgegeben in M. Haug's Ausgabe des „Book of Ardâ-Virâf," Bombay und London 1872. Nach West datirt die Pehlevierzählung aus der letzten Zeit der Achämeniden.

selbe nicht lösen kann, in Folge dessen er von ihm durch einen gewissen heiligen Zauberspruch vernichtet wird. Unter den 33 Räthseln des Zauberers Akht nun lautet das dreizehnte folgendermassen: Was ist das Eine? und was die Zwei? und was die Drei? und was die Vier? und was die Fünf? und was die Sechs? und was die Sieben? und was die Acht? und was die Neun? und was die Zehn? Die Antwort darauf ist: Das Eine ist die gute Sonne, die die ganze Welt erleuchtet, und die Zwei sind das Einathmen und Ausathmen, und die Drei sind die guten Gedanken und Worte und Thaten, und die Vier sind Wasser und Erde und Bäume und Thiere, und die Fünf sind die fünf guten Kaianiden, und die Sechs sind die sechs Zeiten der Gâhanbârs und die Sieben sind die sieben Erzengel und die Acht sind die acht guten Berühmtheiten, und die Neun sind die neun Oeffnungen am Körper des Menschen, und die Zehn sind die zehn Finger an den Händen der Menschen.*) Auch in dem aus viel jüngerer Zeit herrührenden kirgisischen Büchergesang: „die Lerche" giebt der Mulla der Ungläubigen dem von einer Lerche in eine von Ungläubigen bewohnte Stadt getragenen Propheten Ali, um Geld zur Tilgung der Schuld eines armen Gläubigen herbeizuschaffen, zehn Räthsel auf, die seinen Tod zur Folge haben sollen, wenn er ihre Lösung nicht findet. Die zehn Räthsel des Mulla stimmen fast wörtlich mit dem dreizehnten der 33 Räthsel des Zauberers Akht überein, nur die Beantwortung ist eine verschiedene, indem hier gesagt wird: „das Eine ist die Sonne, die Zwei sind Sonne und Mond, die Drei sind das Oturashyp, die Vier sind die vier Chalifen Omar, Osman, Hasret Ali und Abu Bekr, die Fünf sind die fünf Ge-

---

*) S. W. Radloff, die Sprachen der türkischen Stämme Südsibiriens und der dsungarischen Steppe, I. Abtheilung: Proben der Volkslitteratur III. Theil, S. 693 ff., wo das Original der kirgisischen Dichtung und S. 780 ff., wo die Uebersetzung steht.

bete mit den Waschungen, die Sechs sind die sechs Worte des Imans Gottes, die Sieben sind die sieben Höllen, die Acht die acht Paradiese, die Neun sind die Söhne des Propheten Ibrahim, die Zehn die zehn Monate der Schwangerschaft." Nachdem Ali alle zehn Fragen des Mulla beantwortet hat, richtet er drei Fragen an diesen, welche derselbe ebenfalls beantwortet und in Folge dessen mit den Bewohnern seiner Stadt zum Islam übertritt, Ali aber wird, reich mit Gold und Silber beschenkt, entlassen und von der Lerche wieder in seine Heimath zurückgetragen, wo er die Schuld des Armen bezahlt.*)

*) Vergl. die Pehlevi-Erzählung von Gôhst-i Fryânô und der kirgisische Büchergesang „die Lerche" von Reinhold Köhler in der Zeitschrift der D. M. G. Bd. XXIX. S. 633 ff.